国家出版基金项目
NATIONAL PUBLICATION FOUNDATION

"一带一路"沿线国家教育政策法规研究丛书

哈萨克斯坦、吉尔吉斯斯坦、乌兹别克斯坦、土库曼斯坦、塔吉克斯坦
教育政策法规

主编 / 张德祥 李枭鹰

编译 / 郭淑红 齐小鹏 李易飞 李洋帆 裴旭阳 那晓

大连理工大学出版社
Dalian University of Technology Press

图书在版编目(CIP)数据

哈萨克斯坦、吉尔吉斯斯坦、乌兹别克斯坦、土库曼斯坦、塔吉克斯坦教育政策法规 / 郭淑红等编译. — 大连 : 大连理工大学出版社,2020.11

("一带一路"沿线国家教育政策法规研究丛书 / 张德祥,李桌鹰主编)

ISBN 978-7-5685-2707-1

Ⅰ.①哈… Ⅱ.①郭… Ⅲ.①教育政策－哈萨克②教育政策－吉尔吉斯③教育政策－乌兹别克④教育政策－土库曼⑤教育政策－塔吉克 Ⅳ.①D936.021.6

中国版本图书馆 CIP 数据核字(2020)第 179276 号

HASAKESITAN JI'ERJISISITAN WUZIBIEKESITAN
TUKUMANSITAN TAJIKESITAN
JIAOYU ZHENGCE FAGUI

大连理工大学出版社出版

地址:大连市软件园路 80 号   邮政编码:116023
发行:0411-84708842   邮购:0411-84708943   传真:0411-84701466
E-mail:dutp@dutp.cn   URL:http://dutp.dlut.edu.cn
上海利丰雅高印刷有限公司印刷   大连理工大学出版社发行

幅面尺寸:185mm×260mm   印张:12.75   字数:266 千字
2020 年 11 月第 1 版   2020 年 11 月第 1 次印刷

责任编辑:邓 颖   责任校对:鲁 宏
封面设计:奇景创意

ISBN 978-7-5685-2707-1   定 价:89.00 元

本书如有印装质量问题,请与我社发行部联系更换。

总 序

　　共建"一带一路"是中国提出的伟大倡议,也是中国与"一带一路"沿线国家的共同愿望。"一带一路"倡议出自中国,却不只属于中国,而属于"一带一路"沿线所有国家,乃至全世界。中国是"一带一路"的倡导者和推动者,沿线所有国家是"一带一路"的共商者、共建者和共享者。

　　为推进共建"一带一路"伟大倡议,让古丝绸之路焕发新的生机与活力,以新的形式使亚欧非各国联系更加紧密,互利合作迈向新的历史高度,中国政府于2015年3月28日发布了《推动共建丝绸之路经济带和21世纪海上丝绸之路的愿景与行动》,强调"一带一路"是促进共同发展、实现共同繁荣的合作共赢之路,是增进理解信任、加强全方位交流的和平友谊之路。中国政府倡议,秉持和平合作、开放包容、相互借鉴、互利共赢的理念,全方位推进务实合作,打造政治互信、经济融合、文化包容的利益共同体、命运共同体和责任共同体。

　　为贯彻落实《推动共建丝绸之路经济带和21世纪海上丝绸之路的愿景与行动》,2016年7月13日中华人民共和国教育部牵头制定了《推进共建"一带一路"教育行动》。该文件指出,推进共建"丝绸之路经济带"和"21世纪海上丝绸之路",为推动区域教育大开放、大交流、大融合提供了大契机。"一带一路"沿线国家教育加强合作、共同行动,既是共建"一带一路"的重要组成部分,又为共建"一带一路"提供人才支撑。中国愿与沿线国家一道,扩大人文交流,加强人才培养,共同开创教育的美好明天。

　　自共建"一带一路"倡议提出至2019年8月底,已有136个国家和30个国际组织与中国签署了195份共建"一带一路"合作文件。"一带一路"是一个多极的和多文化的世界,无论是政治、经济、文化、教育、生态还是种族、民族、宗教、习俗等,不同国家或地区之间存在这样或那样的差异。因此,只有全面了解民间需求与广泛民意、消除误解误判,只有国家的学者、企业家、政府部门、民间组织和民众充分理解各国的国际关系、宗教信仰、历史文化、风俗习惯、法律法规和民心社情,才能更好地推动"一带一路"建设。也就是说,"一带一路"沿线国家建立政治互信、经济融合、文化包容的利益共同体、命运共同体和责任共同体,必须根基于沿线国家间的"文化理解或认同",而这又与教育尤其是高等教育的交流合作密切相关。

　　教育政策法规是了解一个国家教育发展状况和治理水平的重要窗口,是各国之间教育合作交流的基本依据。为此,教育部牵头制定的《推进共建"一带一路"教育行动》呼吁沿线国家"加强教育政策沟通",即通过开展"一带一路"教育法律、政策协同研究,构建沿线各国教育政策信息交流通报机制,为沿线各国政府推进教育政策互通提供依据与建议,为沿线各国学校和社会力量开展教育合作交流提供政策咨询;积极签署双边、多边和次区域教育合作框架协议,制定沿线各国教育合作交流国际公约,逐步疏通教育合作交流政策性瓶颈,实现学分互认、学位互授联授,协力推进教育共同体建设。

　　大连理工大学切实贯彻《推进共建"一带一路"教育行动》的精神,精心谋划和大力支持"一带一路"教育研究。该校原党委书记张德祥教授带领课题组成员克服文本搜集、组建团队、筹措经费等多重困难,充分发挥学校高等教育研究院、"一带一路"高等教育研究中心、中俄暨独联体合作研究中心以及教育部国别和区域研究中心"独联体国家研究中心"的优势和特色,积极参与和服务于"一带一路"的推进和共建,编译"一带一路"沿线国家教育政策法规,并在国内率先开展"一带一路"沿线国家教育政策法规研究,具有很好的教育发展战略意识和强烈的服务国家发展战略的责任感和使命感。中国高等教育学会大力支持这项工作,将"'一带一路'国家高等教育政策法规研究"立项为 2016 年高等教育科学研究"十三五"规划重大攻关课题,并建议课题组首先聚焦于编译"一带一路"沿线国家的教育法、高等教育法以及教育中长期发展规划等,及时为国家推进共建"一带一路"教育行动搭建教育政策沟通桥梁。该课题组根据中国高等教育学会专家组的意见,组织力量,编译了这套《"一带一路"沿线国家教育政策法规研究丛书》。作为中国高等教育学界的一名老兵,看到自己的学生们带领国内一批青年学者甘于奉献、不辞辛劳、不畏艰难,率先耕耘在"一带一路"沿线国家教育研究这片土地上,我由衷地感到欣慰。同时,大连理工大学出版社全力支持这套丛书的出版,不遗余力地为丛书的出版工作提供支持,使这套丛书能及时出版发行。最后,我真诚地希望参与这项工作的师生们努力工作,高质量、高水平地把编译成果呈现给"一带一路"的教育工作者。

　　是为序。

潘懋元于厦门大学高等教育研究中心

2019 年 9 月 10 日

前　言

　　2015 年 3 月 28 日《推动共建丝绸之路经济带和 21 世纪海上丝绸之路的愿景与行动》和 2016 年 7 月 13 日《推进共建"一带一路"教育行动》的相继颁布,将"政策沟通"置于"五通"之首,让我们意识到编译《"一带一路"沿线国家教育政策法规研究丛书》的重要性和紧迫性。对我们来说,承担这一艰巨任务是一种考验,更是一种使命。

　　2016 年中国高等教育学会组织申报高等教育科学研究"十三五"规划课题,将"'一带一路'背景下我国高等教育国际化研究"列入重大攻关课题指南。我们在这个框架之下组织申报的"'一带一路'国家高等教育政策法规研究",获得了中国高等教育学会专家组的认可和支持,这对我们是极大的鞭策和鼓励。2016 年 11 月,我们认真筹备和精心谋划,参加了中国高等教育学会组织的开题论证工作,汇报了课题的研究设想。听取了专家组的宝贵意见后,我们及时调整了课题研究重心。我们考虑首先要聚焦于编译"一带一路"沿线国家教育政策法规,因为,我们对许多国家的高等教育政策法规还不了解,国内也缺乏这方面的资料。编译这些资料既可以为我们日后的研究打下基础,也可以为其他研究者和部门进行相关研究、制定政策提供基础性的资料和参考。于是,我们调整了工作思路,即先编译,然后再进行研究。同时,考虑到许多国家的高等教育政策法规常常包括在教育政策法规中,我们的编译从"高等教育政策法规"拓展到"教育政策法规",这种转变正好呼应了《推进共建"一带一路"教育行动》中的"政策沟通"。

　　主编《"一带一路"沿线国家教育政策法规研究丛书》,是一项相当繁重和极其艰辛的工作,其中的酸甜苦辣只有经历了才能体会到。第一,参与共建"一带一路"的国家相当多,截至 2019 年 8 月底,已有 136 个国家和 30 个国际组织与中国签署了共建"一带一路"合作文件。这套教育政策法规研究丛书虽然只涉及其中的 69 个国家,但即使是选择性地编译这些国家的教育法、高等教育法以及中长期教育发展规划等,也需要大量的人力、财力等的支持。第二,不少"一带一路"沿线国家的教育本身不够发达,与之密切关联的教育政策法规通常还在制定和健全之中,我们只能找到和编译那些现已出台的政策法规文本,抑或某些不属于政策法规却比较重要的文献。编译这类教育政策法规时,我们根据实际需要对某些文本进行了适当删减。由于编译这套丛书的工作量很大、历时较长,我们经常刚编译完某些国家旧有的教育政策法规,新的教育政策法规又出台了，我们不得不再次翻译最新的文本而舍弃旧有的文本。如此反反复复，做了不少"无用功"。即便如此，我们依然不敢担保所编译的教育政策法规是最新的。第三，"一带一路"沿线国家或地区的官方语言有80多种，涉及非通用语种70种（这套教育政策法规研究丛书涉及的69个国家，官方语言有50多种），我们竭尽全力邀请谙熟非通用语种的人士加盟，但依然还很不够。由于缺乏足够的谙熟非通用语种的人士加盟，很多教育政策法规被迫采用英文文本。在编译过程中，我们发现那些非英语国家的英文文本的表达方式与标准英文经常存在很大的出入，而且经常夹杂着这样或那样的"官方语言"或"民族语言"。这对编译工作是一个极大的挑战和考验，我们做到了尽最大努力去克服和处理。譬如，新西兰是一个特别注重原住民及其文化的国家，其教育政策法规设有专门的毛利语教育板块，因而文本中存有大量的毛利语。为了翻译这些毛利语，编译者查阅了大量有关毛利文化的书籍和文献，有时译准一个毛利语词语要花上数十天甚至更长的时间。类似的情况经常碰到，编译者们付出了难以计量的劳动，真诚地希望这套丛书的出版能给他们带来足够的精神上的慰藉。

为了顺利推进研究工作，我们围绕研究目标和研究重点，竭尽全力组建结构合理的研究团队，制订详尽的研究计划，规划时间表和线路图，及时启动研究工作，进入研究状态。大连理工大学积极参与"一带一路"建设，高度重视"一带一路"沿线国家教育研究工作，成立了"'一带一路'高等教育研究中心"、"中俄暨独联体合作研究中心"和教育部国别和区域研究中心"独联体国家研究中心"。大连理工大学、大连外国语大学、大连民族大学、杭州师范大学、广西民族大学、广西财经学院、广西职业技术学院、广西桂林市委党校、南开大学、海南大学、重庆大学、赤峰学院、天津市教育科学研究院等单位的有关专家、学者、教师、学生积极参与此项工作，没有他们的艰辛付出和辛勤劳动，编译工作将举步维艰。这项工作得到了大连理工大学出版社的大力支持，出版社的同志们不畏艰辛、不厌其烦、不计回报，为这套丛书的出版付出了难以想象的汗水和精力。对此，课题组由衷地表示感谢。

张德祥 李枭鹰
2019年9月8日

目 录

哈萨克斯坦

（12）教学监测——对教育过程的结果和实施条件、受教育者名额、教育网络的变化进行系统性监测、分析、评价和预测。

（13）教育相关授权机构——对教育领域进行领导和行业间协调的国家中央执行机构。

（14）国家教育质量评估系统——确定教育质量是否符合国家义务教育标准，是否符合个人需求、社会需求和国家需求的一系列体制结构、程序、形式和方法的总和。

（15）教育学历认证——对在国外高等教育院校（包括分支机构）取得学历的人，在本国进行同等教育学历的认证。

（16）教育组织认证——对符合既定要求和标准的教育服务机构给予认可的程序。

（17）教育组织的国家认证——对合法教育组织提供的教育服务是否符合国家义务教育的标准要求进行监督而实施的程序。

（18）文科学校——实施初等教育、基础中等教育的普通教育大纲的教育机构，以及开设与学生兴趣能力相符的文科专业的、实施普通中等教育大纲的教育机构。

（19）博士研究生班——高等教育院校和科研机构对高技能科学和教学人才的培养形式。

（20）副教授、教授——由相关高等教育机构授予的学术称号；根据高等教育机构或科学组织的申请，由相关教育授权机构授予的学术称号。

（21）普通教育院校——实施初等教育、基础中等教育、普通中等教育大纲以及继续教育大纲的教育机构。

（22）教育创新联盟——基于共同协议的自愿平等协会，其中高等教育院校、科研机构，以及从事生产领域工作的法人自愿联合，将知识、资金以及其他资源集合起来，为在知识、应用研究、技术创新领域培养高素质人才提供帮助。

（23）创新型大学——科教综合性大学，全面开展创新教育活动，开展基础性、探索性及应用性研究，并将研究成果应用于生产领域。

（24）综合性教育大纲——考虑教育阶段和教学内容的持续性和继承性而制定的教育大纲。

（25）机构认证——对教育机构实施教育大纲的活动质量进行评估，判断其是否符合所申请的机构状态。

（26）临床实习——在基础医学教育框架内针对高等医学教育院校的学生所进行的一到两年的培训形式。

（27）寄宿制机构——为特定学生提供住宿场所以保障其受教育权利的教育组织。

（28）专业定位——根据学生专业兴趣、能力特点、心理特征，在其自由选择专业及学习地点时提供信息和咨询帮助。

（29）专业培养评估——根据国家普通教育标准的规定，对职业技术院校、大专院校的专业人才培养水平进行等级认定。

（30）专业院校——实施普通中等教育和职业教育大纲的教育机构，旨在培养技术型和服务型技能人才。

（31）职业教学——职业教育系统的一部分，包括对技术型、服务型和管理型专家的职业培训、再培训和技能提升。

（32）综合考试——使用信息技术，同时对多门科目进行考试的形式。

（33）临床基地——高等教育机构或医疗机构的诊所，在当地医疗机构的基础上运作，具有高水平的物质和技术基础，并在现代化的组织方法、教学方法、治疗诊断方法和科学研究方法的基础上，实施对医生、科学人员的培养和再培训工作。

（34）学院（中等专科学校）——普通中等教育机构、职业技术教育机构、大专教育院校。

（35）学分制技术学习——由学生自主选择和规划学习科目的顺序，并以学分作为统一计量单位的学习方式。

（36）限额录取——国家教育法令所规定的数量限制，包括高校招生录取时对职业技术院校，大专院校，高等教育院校，Ⅰ、Ⅱ类残疾公民，享受退伍军人和战争残疾人特权与保障的公民，从小残疾的儿童，农村青年，以及哈萨克斯坦民族但非哈萨克斯坦公民的人员、孤儿、留守儿童等在发放国家教育补助时采取名额限制。

（37）远程教育——使用电子信息通信技术的一种教学方式；通过这种方式老师和学生可实现远距离的教学互动。

（38）继续教育——属于教育教学过程，目的在于全面满足学生的教育需求。

（39）中等学校——基础中等教育院校、根据学生兴趣能力开设自然科学和物理数学课程的普通中等教育院校。

（40）硕士学位——授予完成研究生学业的学生的一种学位称号。

（41）专业认证——评估各教育组织实施的个别教育大纲的质量。

（42）中期国家监察——不取决于教育组织的对教育质量进行监督检查的方式之一。

（43）国家命名奖学金——由哈萨克斯坦总统和政府批准设立的奖学金。

（44）国家教育资助——国家为学前教育、人才培养、技能培训提供资金支持，以满足经济需求，劳动力的再生产和开发社会潜力，以及对教育系统的教学方法保障。

（45）教育大纲——根据各学科内容，以及应掌握的知识和技能的内容与数量而确定的教学方案。

（46）教学计划——根据相应的教育水平、学习方式、检测形式确定学科数量和种类的文件。

（47）临床研究中心——高等医学院校的结构性部门机构，配备现代化的设备、模型、石膏像，以用于掌握和检测医学生的临床实践技能。

（48）中等教育——国家宪法保障公民应普及接受的教育，保障公民依据国家义务教育标准掌握初等教育、基础中等教育和普通中等教育大纲。

(49)教师资格认证——为确定教师教学水平是否符合相应资格要求而进行的认证程序。

(50)医学院校——获取医学临床专业研究生深入教育的形式。

(51)宗教教育机构——实施宗教人士培养教育大纲的机构。

(52)奖学金——提供给学生的金额,以部分支付饮食、住宿和购买教育书籍的费用。

(53)大学——开设三个以上专业的高等教育院校以及研究生院校(医科大学开设两个以上专业);开展科教活动、培养人才,并提升高素质人才技能水平;是先进的科研中心。

(54)学校——中等教育院校、职业技术院校,以及文化艺术领域内的大专教育院校。

(55)国家统一测试——普通中等教育院校学生毕业考核形式之一,同时也是大专教育院校、高等教育院校的入学考试。

(56)哲学博士(PhD)、博士学位——一种高等学位,授予掌握相关专业博士研究课程的人。

(57)小型学校——具有少数学生、混合班级以及以特定形式上课的普通教育院校。

(58)校外考生制度——教学形式之一,学生不参与固定的上下学学习制度,独立学习相应教育课程的学科。

(59)实验所——实施实验教育课程的教育组织,用于测试新的教学技术和教育课程。

(60)精英教育——通过专业教育机构为有天赋的学生提供的专业知识教育。

第二条　哈萨克斯坦教育法

1.哈萨克斯坦教育法以国家宪法为依据,由现行法律及哈萨克斯坦其他法律规范条文所构成。

2.如果哈萨克斯坦批准的国际条约规定了本法所载的其他规则,则采用所批准国际条约中的规则。

第三条　国家教育政策的基本原则

1.国家教育政策的基本原则为:

(1)所有人都有平等接受教育的权利。

(2)优先发展教育体系。

(3)在考虑每个人的智力发展、心理生理及个性化特征的基础上发展全民教育。

(4)教育具有普适性、人文性和发展性,培育公民价值观,保护人类生命和健康,以及提倡个人自由发展。

(5)尊重人的权利和自由。

(6)鼓励个性化教育及天赋发展。

（7）教育具有可持续性以及教育水平的连续性。

（8）德育和智育相统一。

（9）教育管理的民主性，教育事业的透明性。

（10）允许发展各种形式、各种体制的教育活动。

2.禁止任何政党组织及宗教团体建立教育组织或从事教育活动。

第二章　教育管理

第四条　哈萨克斯坦政府教育职权范围

（1）制定和实施国家发展教育的相关政策。

（2）制定并颁布由哈萨克斯坦总统签署的国家教育发展纲领以及教育发展战略规划，并采取措施保障其实施。

（3）建立长期监测系统，监测劳动力市场对人才的当前需求及未来需求。

（4）保证社会团体参与解决职业教育问题；批准采用国家教育资助，对具有高等教育、研究生教育、职业技术教育和大专教育学历的专家进行培养（在国家安全委员会的教育组织中进行专家培养除外）。

（5）批准授予教育补助金的规则。

（6）确定国家义务教育标准的制定程序、批准程序和有效期。

（7）批准教育组织的国家认证规则和教育组织的委托认证规则。

（8）批准从事教育活动的资格要求和许可条例。

（9）确定国家批准的教育文件的类型和形式，以及颁发程序。

（10）根据人口密度及地区人口分布程度，批准保证国家教育标准的组织网络。

（11）确定国家教育机构工作人员的编制标准，并制定教育人员及从事相同工作性质人员的职位目录。

（12）向总统提交申请，向在教育和培养学生方面做出杰出贡献的院校授予特殊称号，批准创新型大学的相关条例。

（13）根据国家行政机关的申请，设立、变更和终止由国家财政支持的国家教育组织机构。

（14）制定实施教育监控的规则。

（15）批准博拉沙克国际奖学金申请人的选拔准则。

（16）批准国家奖学金的发放。

（17）批准"金腰带"标志的相关条例。

（18）批准"大学优秀教师"及"优秀教育工作者"称号的授予准则。

（19）批准各类教育组织活动的规则标准，包括实施儿童补充教育大纲的教育组织。

（20）批准天才儿童专业教育组织的活动规则。

（21）批准为低收入家庭学生以及无社会保障学生提供财政和物质援助的拨款规则。

（22）批准国家级竞赛组织规则，对成果突出的教育组织进行国家奖励，并确定资金的使用程序。

（23）向哈萨克斯坦总统提交申请，批准高等教育机构名单（由哈萨克斯坦总统任命这些教育机构的首批负责人），以及对教育机构负责人进行任命、核证和解雇程序的相关规定。

第五条　相关教育部门的职权范围

相关教育部门应履行的职责如下：

（1）保障宪法赋予公民的教育权利和自由。

（2）实施统一的国家教育政策，开展各部门协调工作，制定和实施教育领域和科学领域的专项方案和国际方案。

（3）通过编写和发布教育发展状况年度报告，为国家和社会提供关于教育发展状况及活动有效性的客观信息。

（4）开展教育管理系统的教育监测和信息支持，批准统一信息教育系统的组织和运行规则。

（5）严格把控教育质量，保障教育服务以及教学方法的质量。

（6）组织制定和批准相应教育水平的国家普及义务教育标准（医药学教育标准除外），批准各级教育水平的常规教育大纲和常规教学计划。

（7）批准竞赛选拔的程序和标准，在采用创新型教育大纲的大学之间开展竞赛。

（8）允许以下人员或机构开展教育活动：

实施高等教育和研究生教育大纲的法人；实施教育大纲、由国家财政支持的教育组织；神学院；在哈萨克斯坦境内从事教育活动、实施教育大纲的国际法人和外国法人。

（9）对高等教育院校、研究生院校及由国家财政支持的教育机构进行国家教育机构认证，其中不包括医药学教育机构。

（10）对高等教育和研究生教育院校的教育组织认证（无论所有制形式和所属部门如何），以及对国家财政资助的教育组织的认证。

（11）批准实施普通教育课程的教育组织入学规范，这些教育组织包括小学、基础教育院校、中等教育、普通中等教育、职业技术教育院校、大专院校、高等教育和研究生教育院校。

（12）制定和批准国家统一测试以及综合测试的实施办法。

（13）在听取相关部门、其他中央权力机构、教师及其他社会人士意见的基础上，为培养各专业水平人才，制定职业及专业清单并批准各专业分类。

（14）确定各类教育组织的学年开始时间和结束时间（无论所有制形式和所属部门如何）。

（15）确定以函授、夜校形式接受教育的专业清单，该清单内所列专业不允许以校外考生的形式学习；为校外考生发放高等教育机构以校外考生的形式接受教育的许可。

（16）按教育机构类型批准学生转学以及复课的规定。

（17）批准教育机构内学生学术休假的程序。

（18）批准国家中期考核的开展条例，以及批准未通过国家中期考核的学生入校的招生名额限制，若超过该名额限制，将进行额外的国家考核。

（19）批准开展学生成绩的日常监督、中期考核以及最终考核的示范规则。

（20）制定并批准职业资格水平的确认程序以及技术服务人员专业（职业）资格证书的授予程序。

（21）制定教育文件的认可程序和认证程序。

（22）制定关于教育资格的国家标准制式文件，保障高等教育院校、研究生院校以及下属教育组织的教育，并对这些标准制式文件的使用进行监督、检查。

（23）制定和批准各教育组织在教育活动中所使用的文件形式，确定登记教育文件的要求。

（24）批准提供教育服务以及进行专业教育实践的标准合同形式。

（25）管理和协调教学方法实施，批准和实施教学方法规范标准以及批准组织借助教育信息技术和远程教育技术开展教育过程的规范标准。

（26）为国家中等教育学校以及根据国际协议在外留学的本国学生提供教科书。

（27）批准教科书、教师教学工作手册和教学方法参考书的编写、审查和出版工作的组织规范，批准允许各类教育组织使用教科书、手册和其他文献，包括电子文献。

（28）组织开展具有国家教育意义的课外活动。

（29）开展关于普通教育科目的国家级奥林匹克竞赛以及科学竞赛、国家级职业技能竞赛，并批准相关的组织规则。

（30）按照规定的程序实施对所辖部门的国家财政资助。

（31）批准下属教育机构的章程。

（32）对各类教育组织实施国家法律、教育法规条例以及国家普通教育标准的情况进行检查（无论所有制形式和部门如何），以及根据国家法律对下属组织的预算和财务状况进行检查。

（33）任命和罢免下属教育组织的关键性领导人员，个别国家级高校领导人除外（这些国家级高校领导人由总统任命及罢免）；同意任命下属教育组织的副校长和总会计师。

（34）制定并批准教育工作者岗位及同类别岗位的技术等级特征。

（35）批准国立中等教育机构领导人更换选拔标准。

（36）批准实施高等教育机构教师和研究人员的选拔标准。

（37）批准教育工作者的考核条例。

（38）组织实施教育工作人员的培训进修及技能提升。

（39）制定和批准行业内奖励机制。

（40）与国外合作伙伴进行谈判，并在其职权范围内签署教育和科学活动领域的国际条约（协定）和计划；制定开展国际教育合作的组织规则，并协调该项工作。

（41）制定外派人员进行留学的相关程序。

（42）批准《关于组织和开展国家教育机构认证的相关法律文件》。

（43）对于依靠国家财政资助、在教育机构内进行国家定向培养的具有研究生教育学历的专家，以及具有中等教育学历以上的职业技能专家，应对其进行就业安置。

（44）在规定时间内对违反国家教育法的行为发布处理决定。（根据哈萨克斯坦2009年7月17日第188-Ⅳ号法律规定，对该项进行补充；根据哈萨克斯坦2010年3月9日第258-Ⅳ号法律规定，以及2011年1月6日第378-Ⅳ号法律规定，对该项进行修订）

（45）根据哈萨克斯坦《关于哈萨克斯坦的国家控制和监督法》，制订和批准部门报告表、检查清单、风险评估标准、年度审计计划。（根据哈萨克斯坦2010年12月29日第372-Ⅳ号法律规定，对该项进行补充）

（46）根据哈萨克斯坦法律，制定未成年人教育中心的教育内容。（根据哈萨克斯坦2010年12月29日第372-Ⅳ号法律规定，对该项进行补充）

（47）行使哈萨克斯坦法律、哈萨克斯坦总统法令、哈萨克斯坦政府条令规定的其他权力。

第六条　地方代表和执行机构在教育领域的职权范围

1.地方代表部门

（1）批准地方执行机构提交的相应行政区域内的教育发展计划，并听取有关其实施情况的报告。

（2）实施学生出行乘坐公共交通的优惠政策。

2.地方教育权力机构

（1）制定并提交地方议会批准教育发展规划。

（2）保障提供职业技术教育以及大专教育。

（3）根据普通教育课程规划为儿童提供教育。

（4）为资优儿童在专业教育机构中提供培训。

（5）组织关于国家标准教育制式文件的制定，保障向实施基础中等教育大纲、普通中等教育大纲、职业技术教育大纲、大专教育大纲的教育机构提供这些文件，并对这些标准制式文件的使用进行监督检查。

（6）根据国家法律规定的程序，设立、变更和终止实施职业技术教育大纲、大专教育大纲、普通专业教育大纲的教育机构，以及青少年体育学校。

（7）颁布教育活动许可，对职业技术教育院校、大专院校、普通专业教育院校和儿童青少年体育教育院校进行教育资格认定。

（8）批准国家对于具有职业技能教育学历和大专教育学历的专家的定向培养。

（9）组织学生参加国家统一测试。

（10）为实施职业技术教育大纲、大专教育大纲、普通专业教育大纲的国家教育机构（刑事执行教育机构除外）提供物质技术支持。

（11）为社会弱势群体学生以及贫困家庭学生提供资金和物质支持，资助金额不低于向普通教育学校日常生活费拨款的1%。

（12）为实施职业技术教育大纲、大专教育大纲、普通专业教育大纲的教育机构提供教科书和设备支持。

（13）保障开展州际学校奥林匹克运动会。

（14）保障儿童的体育教育。

（15）组织开展由国家财政支持的、国家教育机构工作人员的人才再培训以及技能提升。

（16）保障对儿童和青少年的心理健康状况调查，并向居民提供有关心理健康教育方法等方面的咨询性援助。

（17）为有发育问题的儿童和青少年提供社会康复措施。

（18）按照规定的程序实施国家在就业及住宿方面对于孤儿、留守儿童的保障。

（19）根据哈萨克斯坦法律规定的程序，为个别类别的学生提供免费或优惠餐。

（20）协助国家定向培养的职业技术学校毕业生及大专院校毕业生的就业安置工作。

（21）向议会提出关于实施学生乘坐公共交通优惠政策的建议。

（22）经与教育相关部门协商，任命区域教育部门的第一负责人。（根据哈萨克斯坦2010年12月29日第372-Ⅳ号法律规定，对该项进行补充）

（23）保障未成年人社会适应中心的正常运作。（根据哈萨克斯坦2010年12月29日第372-Ⅳ号法律规定，对该项进行补充）

（24）为未成年人社会适应中心的人员提供条件支持。（根据哈萨克斯坦2010年12月29日第372-Ⅳ号法律规定，对该项进行补充）

（25）行使哈萨克斯坦法律、哈萨克斯坦总统法令、哈萨克斯坦政府条令规定的其他权力。

3.直辖市及首都的地方执行机构

（1）制定并提交地方议会批准教育发展规划。

（2）组织学龄前儿童和学龄儿童的登记，并保障其接受中等义务教育。

（3）组织并提供普通中等义务教育，其中包括夜校、寄宿制普通中等教育。

（4）提供职业技术教育、大专教育。

（5）根据国家法律规定的程序，对实施学前教育大纲、初等教育大纲、基础中等教育大纲、普通中等教育大纲、职业技术教育大纲、大专教育大纲、儿童补充教育大纲的国家教育机构以及实施专业性特殊教育大纲的国家教育机构进行设立、变更和终止。

（6）组织发放教育活动许可证明；对实施学前教育大纲、初等教育大纲、基础中等教育大纲、普通中等教育大纲、职业技术教育大纲、大专教育大纲、儿童补充教育大纲的国家教育机构以及实施专业性特殊教育大纲的国家教育机构进行国家认证。

（7）批准学前教育培养计划，以及国家对于具有职业技能教育学历和大专教育学历的专家的定向培养。

（8）组织学生参加国家统一测试。

（9）为实施初等教育大纲、基础中等教育大纲、普通中等教育大纲、职业技术教育大纲、大专教育大纲、儿童补充教育大纲的国家教育机构以及实施专业性特殊教育大纲的国家教育机构提供教科书、教学综合配套设施。

（10）保障儿童的补充教育。

（11）为社会弱势群体学生以及贫困家庭学生提供资金和物质支持，资助金额不低于向普通教育学校日常生活费拨款的1%。

（12）为国家教育机构以及学前教育机构（刑事执行教育机构除外）提供物质技术支持。

（13）保障特殊专业课程教育。

（14）为资优儿童在专业教育机构提供培训。

（15）组织开展直辖市和首都层级的学校奥林匹克运动会。

（16）保障对儿童和青少年的心理健康状况的调查，并向居民提供有关心理健康教育方法等方面的咨询性援助。

（17）为有发育问题的儿童和青少年提供社会康复措施。

（18）组织由国家财政支持的、国家教育机构工作人员的人才再培训以及技能提升。

（19）按照规定的程序实施国家在就业及住宿方面对于孤儿、留守儿童的保障。

（20）根据法律规定的程序为教育机构的学生提供医疗服务，学前班除外。

（21）根据法律规定为个别生活困难的学生提供免费或优惠餐。

（22）协助国家定向培养的职业技术学校毕业生及大专院校毕业生的就业安置工作。

（23）向议会提出关于实施学生乘坐公共交通优惠政策的建议。

（24）为学前教育提供必要的教学方法及咨询援助。

（25）经与教育授权部门协商，任命区域教育部门的第一负责人（根据哈萨克斯坦2010年12月29日第372-Ⅳ号法律规定，对该项进行补充）

（26）保障未成年人社会适应中心的正常运作。（根据哈萨克斯坦2010年12月29日第372-Ⅳ号法律规定，对该项进行补充）

（27）为未成年人社会适应中心的人员提供条件支持。（根据哈萨克斯坦2010年12月29日第372-Ⅳ号法律规定，对该项进行补充）

（28）行使哈萨克斯坦法律、哈萨克斯坦总统法令、哈萨克斯坦政府条令规定的其他权力。

4.地区的地方执行机构（州首府）

（1）实施教育发展规划。

（2）确保提供小学、基础中等和普通中等教育，包括夜校形式、寄宿制普通中等教育。

（3）组织学生参加国家统一测试。

（4）组织学龄前儿童和学龄儿童的登记，并保障其接受中等义务教育。

（5）根据国家法律规定的程序，对实施初等教育大纲、基础中等教育大纲、普通中等教育大纲的国家教育机构（实施专业性特殊教育大纲的国家教育机构、实施学前教育大纲、儿童补充教育大纲的教育机构除外）进行设立、变更和终止。

（6）组织发放教育活动许可证明；对实施学前教育大纲、初等教育大纲、基础中等教育大纲、普通中等教育大纲的国家教育机构（实施专业性特殊教育大纲的国家教育机构除外），以及实施儿童补充教育大纲的国家教育机构（实施青少年体育补充教育的教育机构除外）进行国家认证。

（7）为实施初等教育大纲、基础中等教育大纲、普通中等教育大纲的国家教育机构（刑事执行教育机构除外）提供物质技术支持。

（8）为实施学前教育大纲、初等教育大纲、基础中等教育大纲、普通中等教育大纲的国家教育机构提供教科书、教学综合配套设施。

（9）保障儿童补充教育。

（10）组织开展城市地区间学校奥林匹克运动会。

（11）为社会弱势群体学生以及贫困家庭学生提供资金和物质支持，资助金额不低于向普通教育学校日常生活费拨款的1%。

（12）根据规定的程序实施国家在就业及住宿方面对于孤儿、留守儿童的保障。

（13）根据法律规定的程序为教育机构的学生提供医疗服务，学前班除外。

（14）根据法律规定为个别类别的学生提供免费或优惠餐。

（15）协助本地区学校毕业生就业安置工作。

（16）保障农村地区教育机构的年轻工作人员的生活条件。

（17）向议会提出关于实施学生乘坐公共交通优惠政策的建议。

（18）为学前教育提供必要的教学方法及咨询援助。

（19）经与教育部门协商，任命区域教育部门的第一负责人。（根据哈萨克斯坦2010年12月29日第372-Ⅳ号法律规定，对该项进行补充）

（20）保障未成年人社会适应中心的正常运作。（根据哈萨克斯坦2010年12月29日第372-Ⅳ号法律规定，对该项进行补充）

（21）为未成年人社会适应中心学生提供条件支持。（根据哈萨克斯坦2010年12月29日第372-Ⅳ号法律规定，对该项进行补充）

（22）行使哈萨克斯坦法律、哈萨克斯坦总统法令、哈萨克斯坦政府条令规定的其他权力。

5.城市的区长、市长、州长、镇长、村主任

（1）组织开展学龄前儿童和学龄儿童的登记工作。

（2）保障学前教育，其中包括根据国家法律规定，保障为学生提供医疗服务。

若乡镇和农村地区的居民区没有学校，那么镇长和村主任应组织开展免费接送学生上下学。

第七条　教育系统管理机构的信息支持

（1）为及时向教育系统管理机构提供完整、可靠的信息，在国家内建立并运作统一的教育信息系统，这为高效的教育管理提供了可能。

（2）统一教育信息系统，包括教育监测数据，其中有部门统计数据，以及教育权力机构、地方执行机构和各类教育组织在开展教育活动中所收集的其他数据。

第八条　国家教育保障

1.国家通过发展教育系统，完善其运作的法律基础以及根据国家法律为教育创造必要的社会经济条件，确保宪法所规定的接受教育的权利。通过建立国家教育质量评估系统并保障其运作，确保国家对教育质量的监控。

2.国家为首次接受教育的公民提供免费的学前教育、小学教育、基础中等教育和普通中等教育；根据法律相关规定，在选拔考试基础上提供免费职业技术教育、大专教育及研究生教育；此规定第二部分于 2008 年 1 月 1 日生效。

对于永久居住在哈萨克斯坦国内的外国人及无国籍人员，根据相关教育部门规定的相关程序，同哈萨克斯坦公民一样拥有接受学前教育、小学教育、基础中等教育和普通中等教育的权利。

对于永久居住在哈萨克斯坦的无国籍人员，可按照相关国家法律规定的程序，在选拔考试的基础上接受免费的职业技术教育、大专教育、高等教育及研究生教育，如果其之前没有接受过此类教育。

外国公民可在选拔考试的基础上接受免费的职业技术教育、大专教育、高等教育及研究生教育，此权利由哈萨克斯坦的国际条约决定。

3.为保障公民能获得职业技术教育、大专教育、高等教育及研究生教育，应创造条件发展非国家教育贷款。国家采取措施建立教育贷款保障系统，即由国家二级银行发放学生贷款，并通过获得教育贷款索赔权，再对二级银行进行融资。

4.国家全部或部分承担哈萨克斯坦公民在其教育期间需要社会援助的费用。

需要获得社会援助的哈萨克斯坦公民类别包括：

（1）孤儿，留守儿童。

（2）残疾儿童。

（3）多子女家庭中的儿童。

（4）其他符合相关法律规定的儿童。

提供社会援助的规模、来源和程序由哈萨克斯坦政府决定。

5.对于因健康原因长期无法接受小学教育、基础中等教育和普通中等教育的儿童，组织开展家庭或医疗机构的免费单独教育。

6.国家为残疾公民提供教育条件,治疗其发育障碍,促进其社会适应。

7.国家保证小学和寄宿制学校的运作,以确保偏远地区的儿童有接受小学教育、基础中等教育和普通中等教育的权利。

8.国家为资优儿童提供必要条件,保证其接受包括国外教育在内的精英教育。

第九条　教学语言

1.各级教育组织的语言政策,是根据哈萨克斯坦宪法和哈萨克斯坦语言法的相关规定制定的。

2.各级教育组织都必须确保学生将哈萨克语作为国家语言学习,并根据教育水平标准教授学生学习俄语和一门外语。

3.通过建立相关教育组织、班级、团体等形式,保证学生以母语接受教育权利的实现。

4.哈萨克语和俄语是必修科目,包含在国家统一测试考试之中。

第三章　教育体系

第十条　教育体系的概念

哈萨克斯坦教育体系是一套相互作用的系统,其中包括:

(1)具有国家统一的义务教育标准和教育大纲,以保障教育水平的连续性。

(2)教育组织不取决于任何所有制形式,不受限于实施教学计划的类型。

(3)教育管理各机构以及相关基础设施,包括实施监控教育质量的科教机构。

第十一条　教育目标

国家的教育目标是:

(1)创造必要的条件,以便获取高质量的教育,在国家观和世界观、科学和实践成果的基础上形成、发展健全的人格。

(2)发展个人的创造力、精神以及提高身体素质;建立坚实的道德基础和健康的生活方式;通过为发展个性创造条件来丰富智力。

(3)进行公民身份和爱国主义教育,热爱祖国,尊重国家象征,尊重民间传统,不容忍任何反宪法和反社会的表现形式。

(4)对具有较高社会地位的公民进行教育,使其形成参与国家社会政治、经济和文化生活的需要,并且有意识去行使自己的权利和履行自己的义务。

(5)熟悉国内和世界文化的成就,了解哈萨克斯坦和国家其他民族的历史、习俗和传统,掌握国语、俄语及其他外语。

(6)确保提高教师的社会地位。

(7)扩大自治权、教育机构的独立性和教育管理的民主化。

(8)发挥国家教育质量评估系统的职能,使其满足社会和经济需求。

（9）引入和有效利用新的培训技术，包括远程教育、信息通信，用于促进专业教育迅速适应社会和劳动力市场不断变化的需求。

（10）发展终身学习系统，保障普通教育、在职培训和劳动力市场需求之间的联系，并帮助每个人在所学专业知识的基础上最大程度地发挥他们在社会中的个人潜力。

（11）教育、科学和生产相结合。

（12）为学生提供职业指导。

（13）通过与雇主和其他社会企业的积极联系，确保职业技术教育的快速发展。

第十二条　教育水平

根据教育课程的连续性和持续性原则，国家教育系统包括以下教育水平：

（1）学前教育。

（2）小学教育。

（3）基础中等教育。

（4）中等教育（普通中等教育、职业技术教育）。

（5）大专教育。

（6）高等教育。

（7）研究生教育。

第四章　教育内容

第十三条　教育内容的概念

（1）教育内容是各级教育的知识体系，是个人能力形成和综合发展的基础。

（2）教育内容由教育大纲决定，而教育大纲是根据国家义务教育标准制定的。

第十四条　教育大纲

1. 教育大纲取决于其教育内容，其方向（目的）分为：

（1）普通教育大纲（全日制和非全日制）。

（2）专业教育大纲（全日制和非全日制）。

（3）补充教育大纲。

全日制普通教育大纲和专业教育大纲根据国家相关教育标准制定。

非全日制普通教育大纲和专业教育大纲在相应全日制教育大纲的基础上制定。

2. 普通教育大纲旨在培养共同的人格文化，使学生更适应社会生活，以及为自主选择和掌握专业、职业创造条件。

根据教学内容，普通教育大纲分为以下几类：

（1）学前教育大纲。

（2）初等教育大纲。

（3）基础中等教育大纲。

(4)普通中等教育大纲。

为了最大限度地发展资优学生的潜在能力,制定专门的教育培养方案,此方案对个别科目进行深入研究。

针对个别学生群体,制定特殊的教育教学方案,此方案充分考虑学生的发展特点及潜力,并结合心理教学方法而确定。

3.专业教育大纲旨在培养技术人才、服务管理人才以及经济领域内的管理人才,不断提高个人专业教育水平。

根据教学内容,专业教育大纲分为以下几类:

(1)职业技术教育大纲。

(2)大专教育大纲。

(3)高等教育大纲。

(4)研究生教育大纲。

4.补充教育大纲为实现个人自我发展、培养学生创造力、使学生适应社会生活,培养学生的公民意识、共同文化意识、健康的生活方式以及组织有意义的休闲方式创造了条件。

5.为了测试新的教学技术、引入新的教育内容,制定实验教育大纲,这些大纲将在试点的教育机构实施。

6.综合性教育大纲由教育组织及相关授权的教育机构共同协调制定,可以是跨学科、跨教育阶段、跨学校和国际性的。

7.军事专业教育大纲,在与教育授权机构协商后,由国防部批准。

8.医疗和制药专业的教育大纲由卫生领域的授权机构批准。

9.各教育机构有权在拥有许可的情况下实施各个阶段的教育大纲,除非国家法律另有规定。

第十五条　学前教育大纲

1.学前教育大纲,是根据国家学前义务教育标准制定的,此标准考虑学龄前儿童活动类型的特点。

2.学前教育大纲:

(1)考虑儿童教育、发展、健康的统一性原则,保障学前教育和小学教育的持续性和不间断性。

(2)专注于发掘每个儿童的天分、能力,并在充分考虑发展能力和健康状况的情况下,通过个性化方法培养儿童掌握小学教育课程。

3.学前教育大纲包括培养初级阅读、写作、计算和会话等能力,这为儿童掌握小学教育内容创造了平等的基础性条件。

第十六条　初等教育大纲、基础中等教育大纲、普通中等教育大纲

1.初等教育大纲,旨在通过阅读、写作、算数、会话、动手能力、行为文化等教学活动培养儿童个性,发展个人能力,以便其掌握普通中等教育所必需的文化知识。掌握初等普通教育大纲的期限为四年。学生对教育大纲的知识掌握程度,采用阶段性测试和对学生成绩抽查评估的方式来体现。

2.基础中等教育大纲,旨在使学生掌握科学体系的基础,培养独立的个性以及对其进行职业分析。基础中等教育大纲包括对学生主修课程的预先培养。每个科目的学习内容都是在基础中等教育阶段完成的。掌握基础中等教育大纲的期限为六年。

3.普通中等教育大纲,是在教育内容分化、整合和职业指导的基础上制定的,在社会人道主义、自然科学、技术和其他领域开展专门教育,同样也是面向学生的职前培训。掌握普通中等教育大纲的期限为两年。

第十七条　职业技术教育大纲

1.职业技术教育是中等教育的组成部分,旨在培养从事社会有益活动的技术人才和服务人才。

2.根据课程内容以及培养学生的技术水平,将职业技术教育大纲分为:

(1)培养技术以及劳动服务的大众专业人才的教育大纲。

教育大纲内容为:

根据普通教育科目学习综合课程,普通教育科目是为学生成功掌握一般学科及专业学科设置的。

进行职业技能培训。

为达到本专业水平要求的学生授予特定的专业资格或等级认证。

(2)培养能够从事经济领域相关工作的高职业技术服务人才的教育大纲,使之能完成更加复杂和专业的实践工作。

教育大纲内容为:

学习普通文化课、经济、通用专业以及特殊学科等科目。

通过生产培训和专业实践来获取和加强专业技能。

为达到本专业水平要求的学生授予特定的专业资格或等级认证。

(3)提供高级技术专家的培训、再培训以及专业技能提升的教育大纲。

教育大纲内容为:

学习与高校 1～2 年级教育大纲相结合的综合性职业技术教育大纲。

为完成两年学业并通过中期考核的学生颁发具体专业相应水平的专业资格或等级证书。

为完成三年学业并通过中期考核的学生颁发具体专业的资格等级证书。

为完成全部课程并通过最终考核的学生,颁发中级技能专家资质证书。

3.关于文化艺术领域内的职业技术教育大纲的制定,要考虑学生早期接受的专业概念和培训特点;教学的持续时间取决于教育大纲的复杂程度和所掌握的技能水平,并由相关的国家义务教育标准决定。

4. 针对具有普通中等教育学历公民的职业技术教育大纲,着重于掌握通用学科、经济学科及专业学科,完成将来所从事专业的学习实践任务。

5. 职业教育大纲由理论课程和实践课程组成。

第十八条　专业化普通教育大纲

专业化普通教育大纲,是在基础中等教育大纲、普通中等教育大纲的基础上制定的,旨在使学生深入掌握科学、文化、艺术、体育、军事的基础,发挥其创造潜力和才能。

第十九条　特殊教育大纲

1. 特殊教育大纲,是在普通教育大纲的基础上制定的,旨在针对身心受限儿童的教育和培养,会采取心理教学顾问的建议,充分考虑学生的心理特征和认知能力。

2. 对于需要长期治疗的儿童、身心发展受限的儿童和青少年,制定并实施特殊的具有矫正性质的普通教育大纲。

3. 特殊教育大纲在法律规定的特殊教育机构内或在家中实施。

第二十条　大专教育大纲

1. 大专教育大纲,旨在从具有中等教育(普通中等教育或职业技术教育)学历水平的人中,培养初级服务人才以及文科专业的管理人才。

对于具有普通中等教育学历水平的人,大专教育学年应不少于两年;对于具有职业技术教育学历水平的人,大专教育应不少于一年。

2. 大专教育大纲内容为:

(1)学习与高等教育一二年级教育大纲相结合的人文社会学科和自然科学课程。

(2)课程结束后,会获得相应的初级服务和管理人才专业资格或等级认证。

第二十一条　高等教育专业教育大纲

1. 高等教育专业教育大纲,旨在培养获取学士学位的专家,不断提高其专业水平。完成高等教育专业教育大纲的学习并取得学士学位证书的人,能够从事要求具有高等教育水平的相关职位。

2. 高等教育专业教育大纲包括学习一系列普通教育课程、基础学科课程、核心学科课程,以及进行相关专业的社会实践。

每个系列学科课程由必修科目和选修科目构成。学生选修的课程应是对其必修科目的一个补充。

大学有权在竞争的基础上制定和实施创新性教育大纲,此大纲包含新的能在质量方面完善教学的技术、方法和教学形式。

3. 掌握高等教育专业教育大纲的期限,应由国家高等教育相关标准确定,且至少应为 4 年。

4. 对于具有职业技术教育、大专教育或高等教育学历的公民,高等教育机构制定和实施特殊培养大纲,以缩短学习时间。

5.高等军事教育机构实施军事专业高等教育专业教育大纲,此大纲由国家主管部门与教育领域的授权机构协调制定和批准。

6.掌握专业临床实习教育大纲,是高等医学教育临床专业的学生进入诊所进行临床实践的先决条件,其实习机构名单由卫生领域的授权机构批准,实习条例由卫生领域的授权机构批准。

第二十二条 研究生专业教育大纲

1.研究生专业教育大纲,旨在培养高水平科技和教学人才,以及进一步提升他们的科教水平。

2.研究生专业教育大纲包括基础课程和核心课程的理论学习、实习、以撰写论文为主的科研工作。

3.掌握专业医师教育大纲是高等医学教育临床专业的专家进行临床实践的先决条件,实习机构名单由卫生领域的授权机构批准。

第二十三条 补充教育大纲

1.补充教育大纲旨在全方位满足学生对于教育和文化的需求。

2.补充教育大纲取决于内容和专业,分为:

(1)学生补充教育大纲。

(2)专家再培训和技能提升教育大纲。

3.由国家教育机构实施的补充教育大纲,由履行相关职能的政府机构批准。

第二十四条 成人教育

(针对18岁以上人员的)成人教育,旨在满足成人终生的教育需求,以便其能够根据社会经济变化获得额外的知识和技能。

成人教育由教育机构和补充教育大纲的企业法人的分支机构实施。

第二十五条 试点教育大纲

试点教育大纲旨在测试新的教学技术和开展新的教育内容。

第五章 教育机构

第二十六条 教育机构招生的一般要求

1.学前教育机构、小学、初中、高中、职业技术教育学校、大专教育院校、高等教育和研究生教育院校的入学程序,由相应类型的教育组织机构招生准则确定。

2.学前教育机构、小学、初中、高中教育的招生准则,应保障生活在本地区的儿童都能接受到相应教育,该项内容由地方执行机构在一般招生准则基础上批准。

居住在服务区内的儿童不能被拒绝进入适当的教育机构学习——详见哈萨克斯坦教育科学部部长于2011年5月25日关于此方面的答复。

3.职业技术教育、大专教育、高等教育以及研究生教育的招生录取,由公民提交申请并通过考试竞争的方式实现,竞赛条件应保证公民受教育的权利,确保有能力并准备学习相应专业课程的公民入学。

根据 2011 年 1 月 19 日哈萨克斯坦国家法律第 395-Ⅳ 条规定,补充 3-1 条款。

3-1.自治教育组织的录取招生按照本组织确定的方式进行,不采用统一的国家招生测试程序。

4.在国外全日制高等院校接受教育的专业名单每年根据哈萨克斯坦法律批准,哈萨克斯坦公民有权在竞争的基础上获得博拉沙克国际奖学金。

5.在分配教育补助金名额,以及在录取国家定向培养的专业技术人才、大专人才和高等教育人才时,以下人员具有优先权:

国际奥林匹克运动会获胜者,普通学科科学竞赛获胜者(一、二、三等奖),最近三年国家级以及国际表演比赛和体育比赛获奖者(一、二、三等奖),其名单由国家相关教育部门确定;本年度国家奥林匹克运动会获奖者,普通学科科学竞赛获奖者(一、二、三等奖),但其所选专业应与获奖项目相关。

在相同指标的情况下,在进行教育补助发放时,优先考虑孤儿,留守儿童,Ⅰ、Ⅱ类残疾儿童,享受退伍军人和战争残疾人特权与保障的人,从小残疾的有医疗认证且不能在正常教育组织学习的残疾儿童,以及持有优秀教育证书(或文凭)的人。

6.高等技术学校的职业技术教育入学招生,根据教育相关授权机构确定的条件实施。

7.高等教育机构以及研究生科研机构的入学招生,根据公民申请在选拔竞争的基础上,由教育相关授权机构决定的方式实施。

8.在进入职业技术教育院校、大专教育院校、高等教育院校学习时,特为以下学生设置特定录取名额:

(1)Ⅰ、Ⅱ类残疾公民,从小残疾的儿童,残疾人子女。

(2)享受退伍军人和战争残疾人特权与保障的人。

(3)来自农村地区,并且选择与农村地区经济社会发展相关专业的青年。

(4)哈萨克斯坦族但非哈萨克斯坦国籍的公民。

(5)孤儿、失依儿童。

9.对于需要特殊培养和创造性培养的专业,其招生工作应根据特殊考试和创作考试的结果实施;专业清单和考试程序由一般招生准则规定。

10.宗教教育组织的入学基本要求为中等教育学历,其录取标准由其创始人自行制定。

11.根据国家机密法的相关规定,国家在职业技术教育院校、大专教育院校、高等教育院校中定向培养且与国家安全机密相关的专业录取工作,需在具有国家安全部门相关许可的院校中开展。

12.本法未规定的教育机构招生录取程序,由教育机构独立创始人或多位创始人(或国家管理部门)规定。

13.招生录取的学生与职业技术院校、大专院校、高等教育院校和研究生院校之间应签订入学协议,该协议的标准格式由教育相关授权机构批准。

第二十七条　接受教育的形式

根据教育大纲内容,考虑个人需求和能力,以全日制、夜校、函授和校外走读的形式为公民接受各级教育创造条件。

第二十八条　组织教育教学过程

1.各级教育组织中的教育过程,根据其教育大纲及教学计划进行。

2.教育教学过程的组织基础,是各教育组织所开展的教育教学工作的规划和核算。

教育教学工作的规划,应确保及时和高质量地全额实施教学计划和教育大纲。教育教学工作的规划,通过确定每学年的教学过程进度表以及理论和实践课程表的方式实施。

对各级教育组织教育教学工作的核算工作,通过理论学习和实践学习的核算登记册,以及在相应课时内教育大纲的完成情况考勤表实施。

3.各级教育组织的德育教育大纲,是教育教学工作中不可或缺的一部分,旨在培养学生的爱国主义精神、公民意识,开展国际主义教育,培养高尚的道德品质,以及培养和发展学生各方面的兴趣及能力。

在各级教育机构组织中禁止宣传种族主义、民族主义、宗教主义,以及反社会的思想,禁止传播与国际法和人道主义精神原则相违背的军国主义思想及其他思想。

4.教育教学过程的开展,是在学生、老师相互尊重的基础上实现的。

不允许对学生采取身体、精神以及心理上的暴力教学方法。

5.教育活动的组织程序、全日制学生的学习时间,由国家教育管理机构确定。

6.在普通中等教育院校、职业技术院校、大专教育院校,以及实施高等教育大纲的教育机构的军事院系中,根据哈萨克斯坦法律规定的程序,对达到以及未达到入伍年龄的学生进行初级军事培训。

7.为检查学生对教育大纲的掌握情况,应对学生的学习成绩进行日常测试,并进行中期考核。教育机构可自主选择对学生成绩进行日常测试和中期考核的形式、程序及周期性。

8.学生对于基础中等教育大纲、普通中等教育大纲、职业技术教育大纲、大专教育大纲、高等教育大纲和研究生教育大纲的掌握情况,通过毕业考核的形式来体现。

9.对于普通中等院校的准毕业生、打算毕业后考入大专院校或高等院校继续接受教育的学生,其毕业考核的形式是全国统一测试。

10.职业技术教育和大专教育的最终毕业考核包括:

(1)学生在教育机构的毕业考核。

(2)对学生的职业素养和所掌握技能的评估。

对研究生进行毕业考核的形式,由相关教育授权机构确定。

11.教育机构应保障未成年学生的家长或其他法律监护人的知情权,使其知晓教育课程的进度和内容安排,以及了解学生成绩。

第二十九条　科学教育工作机构

1.为整合科学和教育、确保并改善教育过程、开发和实施新的教学技术、提高教育机构教师的教学水平、完善相应的基础设施,应实施一系列科学教育方法工作。

2.对科学教育工作的管理,由下列机构部门负责:

在地区(市)教育部门中普通中等教育机构的教学办公室。

在地区(市)教育部门中技术、职业和高等教育机构的教学办公室。

3.对于在教育机构及相关基础设施内,以及科学教育机构内的科学活动与教学方法活动的协调,按照教育领域授权机构确定的程序实施。

第三十条　学前培养和教育

1.1～6岁儿童的学前教育在家庭或学前机构进行。

2.地方执行机构为家庭和学前机构安排必要的教学和咨询援助。

3.作为儿童在学校接受教育的准备,学前教育要从六岁开始。

学前教育是必修课,在家庭、学前教育机构、综合学校的学前班等进行。

国家教育机构的学前教育是免费的。

第三十一条　初等教育、基础中等教育和普通中等教育

1.满六岁的儿童应该上一年级。

2.实施初等教育、基础中等教育和普通中等教育综合教育课程的中等教育机构的主要类型是(中小)学校、(旧)中学、贵族学校和专科学校。

3.在特殊情况下,根据教育机构的国家行政机构决定,可将实施违法行为,或严重、一再违反教育机构章程的未满十六岁的儿童从中等教育机构开除。若要开除孤儿和无父母监护的儿童,该决定要有监护机构的同意。

第三十二条　职业技术教育

1.以基础中等教育和普通中等教育为基础,职业技术教育在职业学校、中等学校、专门性学校和高等技术学校开展。

职业技术教育机构的教育过程包括理论课程和生产培训,其中生产培训将由优秀工人指导,在教学生产车间、教学生产部门和教学实验室开展。

2.如果有哈萨克斯坦法律规定的许可证,那么一些组织就有权开展教育活动,职业教育可在生产车间、教学生产联合企业、培训中心、培训班、法人实体的教育生产机构直接开展。

第三十三条　大专教育

大专教育的职业培训课程主要在专门性学校开展。

专家培训按照人文专业要求,并依据大专教育职业培训课程来开展,课程清单由教育领域授权机构确定。

第三十四条　高等技术学校

高等技术学校实施技术、职业和大专教育的综合教育培训课程。

第三十五条　高等教育

1.接受过普通中等教育、职业技术教育或大专教育的公民可以接受高等教育。公民有权在选拔基础上接受免费高等教育。

2.专业高等教育课程应在高等院校开展,主要院校类型有大学、研究院、学院以及和它们水平相同的学校(音乐学院、高等学校、高等专门性院校)。

实施创新教育大纲的大学是创新型大学。

高等教育院校的分支机构有权开展教育活动,但这些分支机构不能开展要求具有经营许可证的教育活动。

3.掌握高等教育专业教育大纲并成功通过毕业考核的学生,将被授予证书和学士学位。

4.为了实施教育大纲和开展学术研究,高等教育机构有权加入或创建创新教育财团。

第三十六条　研究生教育

1.接受过高等教育的公民可以接受研究生教育。

2.科学和教学人员的培训在高等教育院校和科学机构的硕士研究生部与博士研究生部中开展,并且会派"博拉沙克"奖学金获得者去国外高等院校接受培训。

军事专业研究生教育大纲在高等军事院校的研究机构开展。

3.硕士研究生人才的培养是在专业高等教育大纲的基础上进行的,专业高等教育大纲分为两个方向:

(1)两年制科学及教学方向。

(2)不少于一年制的职业方向。

通过国家最终毕业考核及公开硕士论文答辩的学生将被授予相关专业的硕士学位。

4.哲学博士(PhD)和其他各专业博士的培养都是在研究生专业教育大纲基础上开展的,学制最少为三年。

5.医学和药学研究生教育,包括医学临床专业研究生教育、硕士研究生教育和博士研究生教育。

根据专业情况,在医学临床专业研究生教育中提供两到四年的临床专业深入培训。医学临床专业研究生教育的相关条例,由卫生领域的授权机构批准。

第三十七条　补充教育

1.学生的补充教育是在补充教育机构进行的,其类型由教育领域的授权机构确定。

教育机构在合同基础上实施小学、初中和普通中等教育的普通教学课程除外,还应为学生提供补充教育课程的教育服务。

2.人才的技能提升和进修在实施补充教育大纲的教育机构、科学机构和生产部门进行,国家科学机构和高等院校的科学工作者所进行的科学进修是在主流高等院校、科学中心和"博拉沙克"国际奖学金下设立的世界实验室中开展的。

3.教育机构的教师和科学工作者的技能提升培训至少每五年进行一次。

第三十八条　学生专业实践

1.学生的专业实践是专家培养教育大纲中的一部分。

专业实践在相关机构进行,旨在巩固学生在学习过程中获得的知识,获得实践技能和掌握一些先进经验。

2.专业实践的类型、时长和内容,由教育大纲和教学计划决定。

3.为了在合同基础上进行教育机构的专业实践,将某些机构确立为实践基地,对已经协商一致的专业实践计划和日程表批准。

合同中明确规定了教育机构、实践基地和学生的责任与义务。

4.专业实践的费用由教育机构和实践基地规定,并以签订合同的形式确定。

5.与实践基地的合同,是根据学生专业实践合同的标准形式签订的。

第三十九条　教育文件

本法第一条是根据哈萨克斯坦 2011 年 1 月 19 日第 395-Ⅳ号法律修订(详见旧版修订)的。

1.获得国家许可认证的,实施基础中等、普通中等、职业技术、大专、高等、研究生教育课程的教育机构,向已通过毕业考核的公民颁发国家标准样式的教育证书。

国家标准样式教育文件的填写要求,由教育领域授权机构确定。

自主教育机构的教育文件相当于国家标准教育文件。

2.具有国家标准教育的文件,是接受下一级教育机构继续教育的必要条件。

3.未完成学业或未通过最终考核的公民,将被颁发固定格式的证书。

4.在国际条约(协定)的基础上,外国教育机构颁发的教育证书会在哈萨克斯坦境内得到承认。

在没有国际条约(协定)的情况下,公民在外国教育机构获得的教育证书,按照教育领域授权机构确定的方式进行认证。

第六章　教育活动主体

第四十条　教育机构

1.教育机构是实施一个或多个教育大纲、保障学生接受培养和教育的法人实体。

教育机构由自然人和法人实体(创始人)根据哈萨克斯坦法律创建。

教育机构的活动受相应类型教育机构活动的准则和在其基础上制定的章程的约束。

本条第 2 项根据哈萨克斯坦 2011 年 1 月 19 日第 395-Ⅳ号法律修订(详见旧版修订)。

2.如果哈萨克斯坦法律并无其他规定,那么教育机构开展教育活动的权利从获得许可证之时起产生,并在法院判决撤销许可证或以哈萨克斯坦法律规定的方式使许可证无效时终止。

本条第 3 项根据哈萨克斯坦 2011 年 1 月 19 日第 395-Ⅳ号法律修订(详见旧版修订)。

3.如果哈萨克斯坦法律无其他规定,则教育机构的类型由其创始人确定并反映在其章程中,同时考虑哈萨克斯坦法律的要求、教育活动的许可资格要求、相应类型教育机构活动的准则。

4.教育机构的类型命名,由教育领域的授权机构批准。

5.医疗教育机构只有在具有临床基地的情况下才能开展教育活动,其资金供应来自哈萨克斯坦法律未加禁止之处。

临床基地的相关条例、状况由卫生领域的授权机构批准。

第四十一条　教育机构章程

1.除哈萨克斯坦民事立法规定外,教育组织章程还应包括:

(1)所实施的教育大纲清单。

(2)招生入学程序。

(3)教育机构教学过程的组织程序(包括一种或多种教学语言、学生的课程安排)。

(4)日常课程监督体系,学生的中期和最终考核以及实施的形式和程序。

(5)提供有偿教育服务的清单和程序。

(6)组建教育机构与学生、其父母以及其他合法代表的关系的程序。

2.教育机构章程可能包含与其活动有关的其他规定,并且这些规定不违反哈萨克斯坦法律。

3.教育机构章程以哈萨克斯坦法律规定的方式获得批准。

第四十二条　教育机构的创建、改组和终止

1.教育机构要根据哈萨克斯坦法律来创建、改组和终止。

2.如果吊销经营许可证或教育机构要终止运营,其创始人(一个或多个)应采取措施将学生转移到其他教育机构继续接受教育。

第四十三条　教育机构职权范围

1.教育机构在教育和教育过程的实施,人才的选择和安置,科学、金融、经济及其他哈萨克斯坦法律规定范围内的活动方面,其活动准则和章程是独立的。

2.教育机构的活动是公开的,向社会宣传教学、科学研究和金融活动。

3. 教育机构职权范围,包括以下内容:

(1)内部程序规则的制定和批准。

(2)教育大纲和教学计划的制订和批准,军事专业的教育大纲和教学计划除外。

(3)如果哈萨克斯坦法律和录取规则没有其他要求,那么按照教育活动许可证的相关要求对学生招生录取进行定额限制。

(4)引进新的教学方法。

(5)进行日常学习成绩的监管,开展学生中期和最终考核,但国家统一考试以及技术和服务职业(专业)的技能鉴定、称号授予除外。

(6)按照哈萨克斯坦法律规定的程序,在自身财务能力范围内,确定国家教育机构工作人员的工资(定额)、补贴、津贴及其他奖金。

(7)按照哈萨克斯坦法律规定的程序,保障对人才的技能提升和进修。

(8)技术物质保障,教育机构的整套装备和设备。

(9)按照哈萨克斯坦法律规定的程序,提供付费工作与服务。

(10)为实施章程所列教育活动,按照国家法律规定的程序,吸引额外的财政和物质资金来源。

(11)保证为学生提供餐食和医疗服务,确保学生的健康得到保护和加强。

(12)按照哈萨克斯坦法律的相关规定,及时给予个别群体的学生额外的优惠和物质保障。

(13)保障学生的生活和住宿条件不低于既定标准。

(14)协助社会自治机构、社会企业的活动。

(15)根据哈萨克斯坦法律规定的程序提交财务报表。

(16)对高等院校的教师和科学人员授予相应的副教授和教授职称。

(17)授予硕士学位。

第四十四条 教育机构管理

1. 教育机构的管理要符合哈萨克斯坦法律要求,包括相应类型教育机构的活动准则,以及一长制和集体领导制原则上的机构章程。

2. 教育机构的直接管理由其领导进行。

3. 教育机构领导人应按照国家法律规定的程序上任和卸任,但个别高等院校的首席领导人除外,其上任和卸任程序由哈萨克斯坦总统确定。

哈萨克斯坦总统批准上任和卸任的首席领导人所在的国家高等院校名单,同样由哈萨克斯坦总统批准。

法律形式的国家机构,国家中等教育组织的领导是在选拔的基础上任命的。

4. 教育机构的领导职位名称、职权范围、组建程序、委员制机构的活动之间的区别,由相应类型的教育机构活动准则确定,并由章程来巩固。

5. 国家教育机构领导人每三年都要按照哈萨克斯坦政府规定的程序进行一次考核。

由哈萨克斯坦总统批准上任和卸任的个别国家高校的首席领导人,其考核程序仍由哈萨克斯坦总统确定。

6.国家教育机构的领导(医疗和药品教育机构除外)要按照与国家管理机构达成的协议,来任命和解雇机构的副职和总会计师。

7.禁止国家教育机构领导将其职位与教育机构内外的其他领导职位合并(科学和科学教学法领导除外)。

8.国家教育机构领导不能一身多职。

9.教育机构内要建立集体管理部门。

教育机构的集体管理形式可以是教育机构(学术)委员会、监督委员会、教学委员会、教学法(教学法和科学教学法)委员会和其他形式,其准则,包括选举程序,由教育领域授权机构批准。

根据哈萨克斯坦 2011 年 3 月 1 日第 414-Ⅳ 号法律,本条增加第 10 款。

10.本条适用于以监督委员会的经济管理权力在国有企业法律形式下创建的,不违背哈萨克斯坦国家财产法规定条款的教育机构。

第四十五条 劳动关系和教育机构领导的责任

1.教育机构与其工作人员的劳动关系,根据哈萨克斯坦劳动法进行调整。

在高等院校中,学术教学工作人员(全体教授教员、学术工作者)职位的替换,是在竞争的基础上进行的。

2.教育机构的领导和全体教职人员批准上任的程序和劳动条件,等同于服兵役的全日制公民教育的时间,都由国家管理机构根据哈萨克斯坦法律确定。

3.根据哈萨克斯坦法律规定的程序,教育机构领导要承担以下责任:

(1)对教育机构学生与教职人员的权利与自由受到侵犯负责。

(2)对未能履行其权限范围内的职能负责。

(3)对违反国家义务教育标准的要求负责。

(4)对教育机构的学生、教职人员在教学过程中的生命与健康安全负责。

(5)对财政经济活动状况负责,其中包括滥用材料设备和财政资金。

(6)对其他违反法律法规和劳动合同条款规定的情况负责。

第四十六条 教育体系中的企业

教育体系中教育活动主体的利益,可以代表根据哈萨克斯坦的立法创建和运作的企业的利益。

第四十七条 学生的权利、义务与责任

1.哈萨克斯坦公民和无本国国籍却长期居住于哈萨克斯坦的外国人,有权根据录取条件选择教育机构和接受教育的形式。

2.接受教育的人就是学生。

但学生分为两类,属于第一类学生的是中小学生、大学生、硕士研究生、(军校)硕士研究生、(军校长期)学员、(军校短期)学员和博士研究生。

属于第二类的是在寄宿制学前班机构学习的学生。

3.这两类学生享有以下权利：

（1）接受国家义务教育标准规定的高质量教育。

（2）在国家义务教育标准框架下,按照个性化教学计划来接受教育。

（3）根据教学计划选择课程。

（4）根据自己的兴趣和需要接受有偿教育服务和知识。

（5）参与教育机构管理。

（6）本校复读、转学、转专业或从一种教育形式转到另外一种。

（7）免费使用教育机构信息资料,获得哈萨克斯坦政府规定的教科书、教学设备和教学参考书。

（8）免费使用体育馆、阅读室、礼堂和图书馆。

（9）根据哈萨克斯坦法律获得有关居民就业情况的信息。

（10）自由表达个人意见和看法。

（11）保护个人尊严。

（12）因在学习、科学和创造性活动中取得的成就受到鼓励和嘉奖。

4.不论教育机构的所有制形式和所属部门,所有全日制教育机构的学生都有如下权利:

（1）根据当地政府的决定,优惠乘坐公共交通（出租车除外）。

（2）课余时间可以兼职。

（3）根据哈萨克斯坦法律规定可以延期入伍。

5.若自身条件不允许或有其他特殊情况,学生可以休假。

6.无论所有制形式如何,从教育机构毕业的公民,在进入下一级教育机构时都享有平等的权利。

根据哈萨克斯坦2011年1月19日第395-Ⅳ号法律,本条增加6-1款。

6-1.得到教育领域授权机构颁发的纳扎尔巴耶夫智力学校毕业证书的人,还应该给其颁发另一个证书,以证明其参加国家统一教育补助金竞赛的结果。证书成绩是根据教育领域授权机构确定的学校最终评分（成绩）转换而来的。

7.国家奖学金按照哈萨克斯坦政府规定的方式,颁发给教育机构某些类别的学生。

根据高等院校和科研院校学术委员会的决定,向哈萨克斯坦全日制高等院校和科研机构最杰出的研究生和高等院校中的学生颁发国家名义奖学金。

由自然人和法人实体设立的名义奖学金,面向接受全日制职业技术、大专、高等和研究生教育的学生。

奖学金的数额及颁发程序,由建立奖学金的机构和人员决定。

8.以杰出的成绩通过竞争的方式获得国家补助金的国家级教育机构,要向家庭贫困的学生提供奖学金。

9.教育机构要保障按照规定的程序向国家定向录取的学生提供宿舍。

10. 不允许发生诱惑学生使其无心学习的现象。

11. 教育机构要向孤儿和无父母监护的儿童提供全面的国家保障。

12. 按照哈萨克斯坦法律,教育机构要向个别群体的学生提供优待条件。

13. 按照国家教育规则录取的职业技术、大专、高等学校中的学生,有权在寒暑假时期享受城际铁路和公路交通(出租车除外)的优惠票价。

14. 学生必须按照国家义务教育标准的要求掌握知识、技能,提升实践技能和能力,遵守内部规定,并完成教育机构章程和教育服务协议规定的其他要求。

15. 学生必须关心自身健康,追求身心的自我完善与提升。

16. 学生必须尊重教师的人格与尊严,遵守所在学校的规章制度。

17. 符合本法第二十六条第 8 款第 3 项且在教学和医学专业学习的农村青年,必须按照颁发教育补助金的规则和提供教育服务协议的条款规定,毕业后在农村地区的教育机构和医疗组织至少工作三年。

派遣专家进行就业的程序,以及向人员提供自主就业权利的程序,要按照教育补助金的授予规则确定。

18. 对于违反义务的学生,教育机构可采取内部规章和教育组织章程规定的惩罚性措施或教育服务协议规定的其他措施。

第四十八条　保护学生健康

1. 在教育机构,确保实施预防疾病、增强健康、改善身体、促进学生树立健康生活方式的必要措施。

2. 教学任务、学生的课程制度是由教育机构批准的规则确定的,这些规则是根据国家义务教育标准、卫生和流行病学规则和规范、教育卫生机构教育大纲和建议制定的。

3. 卫生领域的授权机构对医疗服务进行系统监测。教育机构为医疗设施提供放置场所。

为了确保学生的健康,教育机构有权创建为学生提供医疗服务的部门。

4. 学前、中学、职业技术教育机构的教师,每年必须按照哈萨克斯坦法律规定的程序接受免费体检。

5. 教育机构在课程安排时,应为学生提供足够的用餐和活动休息时间。

在教育机构,为学生创造餐饮服务条件,其质量监督委托给卫生领域的授权机构。

6. 在教育机构创造安全健康的教育、劳动和休息条件,此项工作由教育机构领导负责。

第四十九条　父母和其他合法代表的权利与义务

1. 未成年子女的父母和其他合法代表有权利:

(1)考虑儿童的愿望、个人倾向和特点选择教育机构。

(2)通过家长委员会参加教育机构管理工作。

(3)从教育机构获得有关子女学习成绩、日常表现和学习条件的情况。

（4）在心理、医学和教学咨询处获得有关子女培养教育的咨询性帮助。

（5）让子女在教学协议基础上获得额外的服务。

2.父母和其他合法代表有义务：

（1）给子女创造健康安全的生活学习条件，保证他们智力和体力的健康发展和道德品质的完善。

（2）保障儿童的学前教育，从六岁开始，让其在普通教育机构学习。

（3）协助教育机构培养和教育儿童。

（4）确保儿童在教育机构学习。

第七章　教育工作者的地位

第五十条　教育工作者的地位

1.在教育机构从事与培养和教育学生有关的教育活动、在其他实施教育大纲的机构工作的人员，称为教师。

国家教育机构的教师是公务员。

2.国家承认教师在社会上的特殊地位，并为教师开展教学活动创造条件。

第五十一条　教师的权利、义务与责任

1.接受过相关专业的专业教育和职业教育的人，可以从事教学活动。

2.教师具有以下权利：

（1）从事教学活动。

（2）从事科学研究、实验工作，在教学中引入新的方法和技术。

（3）个人单独的教育活动。

（4）遵守相应教育水平的国家义务教育标准，可自由选择教育活动的组织方式和形式。

（5）参加教育机构的集体管理机构的工作。

（6）每五年至少进行一次技能提升，时间不超过四个月。

（7）为提升等级提前进行考核。

（8）享受以国家奖励、荣誉称号、奖金和名义奖学金的形式对教学成功的道德和物质方面的鼓励。

（9）捍卫自己职业的荣誉和尊严。

（10）延期应征入伍。

（11）享有保留教龄去从事学术活动的创作假期。

（12）对教育机构管理的命令和指示的申诉。

3.教师具有以下义务：

（1）在自己专业范围内具备相关的理论与实践知识以及教学技能。

（2）确保提供的教育服务质量符合国家义务教育标准的要求。

（3）以高尚道德、尊重父母、民族文化价值观、尊重周围世界的精神教育学生。

（4）培养学生的生活技能、特长、独立性和创造力。

（5）不断提高自己的专业技能，提升智力水平。

（6）每五年至少进行一次考核。

（7）遵守教学道德规范。

（8）尊重学生及其父母的人格和尊严。

若有教师违反教育道德义务和规范，则要按照哈萨克斯坦法律和劳动合同承担责任。

4. 除符合哈萨克斯坦法律规定的情况外，教师不得从事与职业义务无关的工作。

5. 有尚未注销的犯罪前科的人员禁止从事教学活动。

第五十二条　教育机构工作人员工资机制

1. 教育机构公职人员工资机制，由哈萨克斯坦立法规定的程序确定。根据哈萨克斯坦现行宪法规定，非国家级教育组织工作人员的工资机制，由其创始人或授权代表人制定。

2. 国家财政支持的教育组织人员工资发放标准，由相关教育机构和劳动领域授权机构协商制定。

3. 国家教育机构的教职工工资、补贴、奖金，由国家立法机构制定。

4. 根据教育工作人员在农村地区的教育工作、出色的管理、对作业的检查批改、管理学生和教授课程以及在实验室的工作等方面，为其发放工资。

5. 职业教师和高校主管薪酬的确定，会考虑其工作量的多少。

6. 国立教育机构的教师工资标准，根据其相应学历水平确定：

哲学博士和专业博士可获得最低月工资收入。

科学博士可获得两倍的最低月工资收入。

7. 根据国家教育机构的教师月薪，其每周工作量应不超过：

（1）18 小时

针对小学教育院校。

针对基础中等教育、普通中等教育、职业技术教育院校以及大专教育院校。

针对补充教育院校。

针对特殊专业教育院校。

（2）24 小时

针对学前教育机构，学前教育团体以及学前班。

（3）30 小时

针对网络教程休息营、技校和职业学校、大专教育院校。

根据国家教育授权部门提交的申请，由国家政府部门制定的教师正常工作量应由其所在教学岗位决定（高等教育院校除外）。

高等教育教师队伍的年工作量由其年劳动时间标准确定,并且由高校主管在广泛听取意见的基础上自主确定。

8.高等教育院校教师队伍数量按照中间比值决定。

(1)本科师生比例:

全日制教育比例为 8∶1(高等医学院校比例为 6∶1)。

夜校比例为 16∶1。

函授教育比例为 32∶1。

(2)硕士、教师比例为 4∶1。

(3)博士、教师比例为 3∶1。

第五十三条　教师社会保障

1.城市教师社会保障如下:

(1)住房,其中包括法律规定的办公室或宿舍。

(2)针对中等教育院校、职业技术教育院校、大专教育院校、高等教育院校以及研究生院校教师,每年有为期 56 天的带薪假期;针对教务人员,学前教育机构、补充教育院校人员,每年有 42 天假期。

2.农村教师社会保障如下:

(1)与城市教师相比,薪资和税率至少提升 25%。

(2)为其支付一次性货币补偿金,以支付公用事业费用支出和购买燃料用于家庭取暖;费用由当地权力机构确定的预算资金支付。

(3)根据哈萨克斯坦 2008 年 12 月 24 日第 111-Ⅳ 号法律规定,删除本项(于 2019 年 1 月 1 日起生效实施)(详见旧版修订);根据哈萨克斯坦 2008 年 12 月 24 日第 111-Ⅳ 号法律,该条款补充第 2-1 项条款(于 2019 年 1 月 1 日起生效实施)。

2-1.哈萨克斯坦法律规定,向在农村工作的教师提供额外的社会保障。

根据哈萨克斯坦 2008 年 12 月 24 日第 111-Ⅳ 号法律,该条款补充第 2-2 项条款(于 2019 年 1 月 1 日起生效实施)。

2-2.根据当地政府权力执行机关决定,为饲养牲畜的农村教师提供饲料、土地。

3.教育组织的教师每年从相应的预算中领取(此项于 2008 年 1 月 1 日起生效实施)。

(1)每年发放一次卫生保健费,同时根据哈萨克斯坦劳动法为其提供一定假期。

(2)"优秀大学教师"称号获得者——国家给予月结算指标的补助。

(3)"优秀教师"称号获得者——国家给予月结算指标的补助。

第八章　教育领域的国家调控

第五十四条　国家教育调控的目标与形式

1.国家教育调控的目的在于创立保障实现教育权利的条件以及向教育机构提供高质量服务。

2.国家对于教育的调控,通过保障权利、管理教育质量、规范化调控、开展检查等方式实施。

第五十五条　教育质量管理

1.教育质量管理的目的在于实施统一的国家教育政策,包括形成统一的国家教学评估体系,保证使用教学财政拨款的合理性、教学体系的有效性。

2.对教育质量的管理,通过在教育监控的基础上对各个层面采取管理措施而实现。

3.教学监测,通过对教学质量进行内外评估的方式进行。

外部教育质量评估包括对教育组织的国家认证程序、国家统一测试、国家中级监控,以及对各类教育组织进行排名、对职业技术院校以及大专院校学生专业掌握情况的评估。

对教育质量的内部评估,包括质量管理体系、各种教育组织活动的自我评估程序、持续监督学业成绩、评估学生的教育成果。

第五十六条　国家义务教育标准

1.根据以下内容,制定国家义务教育的标准:

(1)教育内容。

(2)学生的最大学习负荷量。

(3)学生的培养水平。

2.国家义务教育标准适用于所有教育组织(无论所有制形式如何)。

第五十七条　教育活动许可

1.法人实体的教育活动,应按照哈萨克斯坦许可法的相关规定获得许可。

2.对职业技术院校、大专院校、高等教育院校以及研究生院校所开展的新职业和新专业方面的教育活动颁发许可证时,应在共同的基础上实施,无论其是否已具有相关许可。

3.许可证颁发者建立信息咨询部门,以便于对发行、暂停执照等问题进行合议和公开审查。

4.许可证颁发者有权根据哈萨克斯坦许可法规定的程序,暂时中止六个月内的教育活动许可的效力。

5.教育活动许可的撤销,应由法官根据哈萨克斯坦行政违法条例规定的程序实施。

第五十八条　教育组织认证

1.认证机构根据教育机构的申请对其进行认证,不取决于其从属关系和所有制形式,认证有效期为五年。认证以机构和专业的形式进行。

2.在哈萨克斯坦成立的国际和外国学校的认证,同样遵循上述规定。

3.对教育机构进行认证所花销的费用,由教育机构自行承担。

4.高等教育机构有权获得国际认证,该认证是由国际公认的外国机构实施。

第五十九条　国家教育监控体系

1.国家教育监控旨在保障国家的教育权利,以及保障实施教育大纲的法人按照国家法律要求和教育活动许可要求开展教育活动。国家教育监控由教育相关授权机构和当地权力执行机构实施。

2.教育体系国家监管对象是:

(1)实施教育大纲的法人教育活动。

(2)学生对相应教育大纲的掌握情况。

3.国家教育监管的主要形式:

(1)对教育机构的国家认证。

(2)国家定期检查。

(3)监控教育机构是否遵守国家教育法以及教育活动许可条例。

4.根据国家教育局及有关部门规定,国家教育认证每五年进行一次。

对医药教育院校的国家认证,应由卫生领域的授权机构开展和实施。

在建立以下院校时,需进行第一次国家认证:

(1)小学教育院校、初高中教育院校,之后每四年进行一次认证。

(2)职业技术院校、大专院校、高等教育院校以及研究生院校,不晚于第一届毕业生毕业一年内进行认证。

(3)学前教育和补充教育院校,之后每三年进行一次认证。

5.若哈萨克斯坦批准的国际条约中无其他规定,则对外国教育组织和国际教育组织分支机构的认证,同样根据现行哈萨克斯坦法律进行。

6.实施中期国家检查的目的:

(1)评估教育服务质量,确定中小学生掌握知识的水平。

(2)评估教育服务质量,确定高等教育院校二年级(医学类高等院校是三年级)结束时,学生掌握基础学科的水平。

7.若教育院校中没有通过国家中期检查的学生数量超过了国家制定的最高额,那么此类院校需要进行二次认证。

(根据哈萨克斯坦 2009 年 7 月 17 日第 188-Ⅳ 号法律规定以及 2011 年 1 月 6 日第 378-Ⅳ 号法律规定,对第 8 项修订)

8.以检查和其他形式对教育组织是否遵守国家教育法和教育活动许可条例进行监督。

检查形式根据哈萨克斯坦国家检查和监管法实施,其他监管形式要按照现行法律实施。

9.根据哈萨克斯坦 2009 年 7 月 17 日第 188-Ⅳ 号法律规定,删除本项。

10.根据哈萨克斯坦 2009 年 7 月 17 日第 188-Ⅳ 号法律规定,删除本项。

11.在哈萨克斯坦建立的国际、外国教育机构及分校,同样接受哈萨克斯坦法律监督。

12.根据哈萨克斯坦 2009 年 7 月 17 日第 188-Ⅳ 号法律规定,删除本项。

13.根据哈萨克斯坦 2009 年 7 月 17 日第 188-Ⅳ 号法律规定,删除本项。

14.根据哈萨克斯坦 2009 年 7 月 17 日第 188-Ⅳ 号法律规定,删除本项。

15.根据哈萨克斯坦 2009 年 7 月 17 日第 188-Ⅳ 号法律规定,删除本项。

16.根据哈萨克斯坦 2009 年 7 月 17 日第 188-Ⅳ 号法律规定,删除本项。

第六十条　实施国家教育监管负责人的权利及义务

1.实施国家教育监管责任人应该具备必要的技能,至少每五年接受一次相应的学习和培训。

2.实施国家教育监管责任人享有以下权利:

(1)在提交正式证件后,自由访问各教育组织、机构和教育企业,以便审查。

(2)在进行审查时,要求提供任何必要的信息,查看所检查文件的原件。

3.实施国家教育监管负责人应履行以下义务:

(1)遵守哈萨克斯坦法律、权利以及教育活动主体的合法利益。

(2)根据哈萨克斯坦现行法律规则和其他标准法令进行监察。

(3)在监察期间不得阻碍教育机构活动规则。

(4)根据法律规定,及时最大限度地预防、查明、控制任何破坏哈萨克斯坦教育法规的行为。

(5)在审查结束当天将审查结果证书移交给教育机构。

(6)在监察的过程中保持所获文件信息的完整性。

4.对教育监管负责人的行为(决定)和实施决议,可以向上级或法院提起申诉。

第九章　教育财政支持

第六十一条　拨款体系、原则及来源

1.教育拨款体系,是指国家、地方预算及其他收入来源的总体。

2.教育拨款体系的主要原则:

(1)高效性、成效性。

(2)优先性。

(3)透明性。

(4)责任性。

(5)各个财政水平的分配性及独立性。

3.教育财政拨款的来源如下:

(1)国家教育机构方面的拨款。

(2)国家教育机构财政拨款。

(3)付费服务收入。

(4)二级银行贷款。

(5)赞助、捐助、一次性资助。

第六十二条　国家对教育机构的拨款

1.考虑教育的优先性,国家应保证对教育的财政拨款。

2.国家对教育机构的拨款,来源于财政收入,拨款应符合国家义务教育标准的规定,以及符合哈萨克斯坦法律规定的数额。

3.国家对学校的财政拨款,可以保证教育机构按照国家义务教育标准中的规定进行正常运转。

若国家教育机构在教学比赛中各项指标数据优异,则可以获得相应的奖励基金。

4.对国立教育企业和其他法律组织形式的教育机构的拨款,应在国家定向教育培养的基础上实施。

5.国家对技能工人和专家的定向培养、技能提升和再培训,应包括下列内容:

(1)专家的培养方向。

(2)根据教学形式制定的国家定向培养的规模(岗位数量、经费数量)。

(3)培养一位专家所需要的平均支出费用。

国家教育机构开始定向培养具有职业技术教育、大专教育、高等教育或研究生教育学历的专家时,应指明预算计划的负责人和教育机构的名称。

在国家定向培养的计划中,既包括在根据哈萨克斯坦签订的国际合约中所规定的教育机构内进行专家的定向培养,也包括对留学生和无国籍人员在高校预科部门进行培养。

6.在学前教育的国家定向培养计划中,应包括定向培养的学生数量和培养一位学生的平均支出费用。

7.国家定向培养的具体内容要求,由教育授权机构确定。

8.国家定向培养计划中对高等教育的财政拨款,以教育补助的形式进行分配,补助数额会根据学校的专业、种类和地位而有所不同。

大专院校、高等院校和研究生院校根据有偿提供教育的合同,培养一名学生所花销的费用,不能少于教育补助金的数额。

第六十三条　教育机构在收费的基础上提供服务

1.教育机构依靠预算资金向学生提供的教育服务,是免费提供的。

2.严禁公立教育机构在国家义务教育的框架下以收费的形式提供教育服务。

实施特殊艺术类教育大纲和大众专业职业工人培养教育大纲的国家教育机构,对超出预算承担的免费教育服务范畴,有权提供付费教育服务。

3.国立教育机构有权以收费的形式提供如下教育服务,这些服务已超出国家义务教育所涵盖的范围:

(1)实施补充教育大纲(发展青少年在运动、文学以及艺术领域的创造力、天赋和兴趣,提高专家的职业技能)。

(2)组织教学计划和教育大纲之外的补课活动。

（3）组织学生进行学科的深度研究。

（4）组织并举办各种类型的大型活动，例如，体育比赛、研讨会、教师学生会议、家长会，编制和实施教学方法文献。

（5）提供音乐器材和额外的网络服务供使用。

（6）组织夏游活动，在教育机构内组织的活动中保障对参与活动的老师、学生及其他工作者提供餐饮服务。

（7）提供供暖服务。

（8）组织职业学习（对技术人员、维修人员提供再培训或技能提升服务）。

（9）组织生产并销售教学产品、教育产业以及提供园区服务。

4.国家教育机构提供的付费商品（工作或服务）的价格，需要根据国家法律规定的程序批准。

5.私立教育机构可以使用有偿教育服务获得的收入，其中包括在国家义务教育框架下进行的教学活动、创办者的资金及其他合法收入来源。

6.提供有偿服务的教育机构、学生以及学生家长之间的相互关系，由合同进行调整。提供有偿教育服务的标准合同样本，由教育授权机构批准。

在一次性支付所有教学期间费用的情况下，自合同签订之日起，付款金额不可变更，直到学期结束。

在分阶段付款的情况下，考虑提高教师工资或通货膨胀因素，教育费用可以更改，但是一年的更改次数不能超过一次。

第六十四条　发展教育机构的物质技术基地

1.国家教育机构物质技术基地的建立与发展，依靠财政拨款、付费服务收入以及哈萨克斯坦法律所允许的其他收入来源。

2.教育机构有权按照国家法律所规定的程序拥有并使用资产。教育机构的国家资产不得用于违背教育机构主要任务的目的。

根据哈萨克斯坦 2011 年 3 月 1 日第 414-Ⅳ号法律规定，对第 3 项进行修订。

3.教育机构的私有化，要根据哈萨克斯坦国有资产法的相关规定实施，并且需要得到教育授权机构的同意。

第十章　国际教育活动

第六十五条　国家合作和对外经济活动

1.哈萨克斯坦教育领域的国际合作，在本国法律和所签订的国际条约基础上实施。

2.教育机构在获得教育授权机构的同意后，有权根据自身工作特点，与国外教育组织、文化和科学组织、教育国际组织和基金会建立直接联系，有权与其签订双边或多边的合作条约，有权参与互派交换生（包括大学生、研究生、博士生以及科学教育工作者）的国际计划，并有权加入国际教育非政府组织。

军事教育院校有权根据国际条约和合同,实施对外国公民的专家培养。

3.哈萨克斯坦教育机构的国际合作实施程序,由教育授权机构规定。

4.在哈萨克斯坦国内建立国际学校或国外学校或其分校,要以国际合约为基础实施,或根据哈萨克斯坦政府的许可实施。

5.如果国家批准的国际条约中没有另行规定,那么对于哈萨克斯坦境内的国际学校或其法人、自然人、学校分校以及各种教育机构或代理机构,其开展教育活动的授权许可以及国家认证,需根据哈萨克斯坦法律实施。

第六十六条 满足哈萨克斯坦侨民的教育需求

1.当哈萨克族公民不具有哈萨克斯坦国籍时,仍有权在哈萨克斯坦接受教育。

2.国家将协助满足哈萨克斯坦侨民的教育需求。

3.按照国际条约规定的程序,为境外的哈萨克斯坦侨民建立教育组织并提供经济物资援助。

第十一章 违反哈萨克斯坦教育法应承担的责任

第六十七条 违反哈萨克斯坦教育法应承担的责任

根据哈萨克斯坦法律规定,违反教育法应承担相应的责任。

第十二章 最终条款

第六十八条 现行法律开始生效

1.现行法律从正式发布后起经过十天后正式生效。(第八条第2项的第二部分,第6项的第二段,第7项第1分项的第二、五段;第五十二条第8项的第二、三分项;第五十三条第3项第一分项于2008年1月1日生效)

2.公民在现行法律生效之前进入学校学习的,根据现行法律规定的方案完成其学业,并获得相应的学位证书。

3.1999年6月7日制定的哈萨克斯坦法律以下条款已失效。(哈萨克斯坦议会,1999年429页第十三条、927页第二十三条;2001年173页第十三至十四条、338页第二十四条;2004年111页第十八条、142页第二十三条;2005年5页第一条、22页第三条、71页第十二条、92页第十五条;2007年18页第二条、67页第九条)。

总统

努尔苏丹·阿比舍维奇·纳扎尔巴耶夫

2007年7月27日于阿斯塔纳

No 319-Ⅲ

吉尔吉斯斯坦

（4）提供能够满足当前劳动力市场需求、个人兴趣和技能的教育。

（5）为终身学习创造条件。

（6）建立社会合作伙伴多元参与的协调制治理体系。

（7）引入基于能力的学习方法，旨在提高学生的学习能力，使学生能够在不确定性中自我引导，根据信息分析结果做出决策；培养学生的沟通技巧、分析能力和批判性思维。

（8）允许学生将高等教育机构的工作和学习灵活地结合起来。

（9）在多语言教育环境下，对文化和语言多样性保有宽容度。

（10）支持多渠道的教育融资，并且对财政资源进行公平分配。

（11）根据收集数据和分析技术，以及按性别分类的统计数据，制定教育部门的战略规划和管理制度。

（12）人力资源管理政策有效化。建立监测评估体系，完善教育制度体系。

三、教育发展战略 2020 实施的一般原则

1.侧重点

教育发展战略 2020 不需要覆盖教育部门现有改革的所有方面，它更侧重于关注教育体系中存在的三个跨领域问题：教育管理、教育财政、教育体系的监督和评估。

2.更加关注政策和实践

教育发展战略 2020 并非所有的举措都是新的，有些举措在过去虽已被批准，但实际上还未实施。例如，引入人均财政政策，启动学士和硕士教育计划等。系统地执行现行改革方案对提高教育质量来说至关重要。

3.根本性改革和逐步改革相结合

教育发展战略 2020 侧重于基础层面的改革，但也关注到了很多需要逐步进阶的变化，覆盖了整个教育部门。学前教育培训的引入，10～11 年级的教育概况，以及通过教师培训和教育资格认证有效解决危机的全面战略，都可以作为根本性改革的案例。

4.从低问责高管制转向高问责低管制

现代教育体系可以被看作高管制和低问责并存。教育发展战略 2020 则引入了一个不同的方式，即对过程最低程度地进行管制，但对结果进行严格的监督和评估。例如，在教育体系的关键阶段——4 年级、9 年级和 11 年级，学校将采取考试的形式来考查学生知识和能力的获得情况，以此确保教育质量逐步提高。

5.替代低效率

教育发展战略 2020 指出了目前的低效率实践和方法方面的问题，将采取优化财政资源配置、运用科学的管理方法等措施提高改革实施的有效性。

6.混合融资模式

教育发展战略 2020 将教育服务划分为由国家预算支持的模式和混合融资模式两

种。没有参加过学前培训的儿童,由国家资助接受 1～11 年级教育;而学前教育(3～6岁)、职业教育和高等教育需要采取混合融资模式。

7.社会公正

由于公共财政能力有限,教育发展战略 2020 预计改变对各级教育弱势群体服务的社会支持体系,转为有针对性的服务,而不是普遍化的服务。

四、2020 年教育体系结构

2020 年教育体系结构包括:

(1)将没有参加过学前培训的儿童纳入学前教育准备过程中。

(2)在各教育阶段进行全纳教育,同时为有特殊需求的儿童提供专门的学校。

(3)10 年级和 11 年级的教育概况。

(4)实施多层次的专业教育项目。

第三章　分部门战略

一、学前教育

(一)现状分析

2007—2011 年,规范学前教育活动的主要文件是 2007 年 1 月 16 日修订的由吉尔吉斯斯坦政府批准签发的《儿童早期教育与保育国家质量标准》。

现在已经实施的是 100 小时的学前准备计划,其覆盖面每年以 1 万名学生的数量增长。

自 2011 年 3 月,国家提供的课程优化资金要求学校必须准备 240 小时的相关课程,以此覆盖没有参加过学前培训的儿童。

为了提高学前教育的可获得性,国家重点增加了学前教育组织的数量,尤其是由国际项目(亚洲开发银行、联合国儿童基金会、阿迦汗基金会等)资助的组织,其支持金额超过 3.18 亿索姆。准确来说,2008 年有 488 所幼儿园接纳了 62.1 万名儿童,214 个可替代学前机构接纳了大约 1 万名学生;2010 年 8 月,有 594 个学前机构接纳了 7.6 万名儿童,并且另有大约 1.2 万名儿童进入 279 个可替代学前机构。2007—2010 年,全国各类学前教育的儿童覆盖率从 7％上升到了 13.4％。

"FTI-1 全民教育"项目支持学前教育和部分小学的发展,向试点州的学前教育机构和小学提供必要的培训设备,以改善学习环境,并提供符合儿童年龄特征的游戏材料和特殊文献。

为了提高民众的意识,政府举办了大量的活动,旨在阐释儿童早期发展的重要意义;对在学前教育机构和小学工作的教育工作者进行在职培训;改善试点学校的物质与技术方面的条件;加强行政从业人员执行和监测投资项目的力度。

在亚洲开发银行的"以社区为基础的幼儿发展项目"中,有 39700 位家长接受了培训。

为来自巴特肯、塔拉斯、伊塞克湖州的 8000 个家庭开设的一系列高级讲习班,均是由联合国儿童基金会和地方教育集团赞助的。

"FTI-2 全民教育"项目是为了充分支持国家义务教育而做准备。与此同时,需要突出强调以下学前教育的不足:

1.学前教育的覆盖率低

目前,全国 3～6 岁的儿童中只有 13.4％接受过学前教育。而在哈萨克斯坦,学前教育覆盖率为 45％,乌克兰为 49％,俄罗斯为 58％,白俄罗斯为 100％。

2.学前教育的不公平性

没有经历过学前教育的儿童与经历过学前教育的儿童在上小学时,会体现出明显的差距。根据教学数据监测,80％表现不佳的一年级学生没有接受过学前教育。

3.学前教育机构资源配置效率低下

2005 年,国家对学前教育支出为 30.41 亿索姆,其中包括财政预算的 23.22 亿索姆;2008 年为 70.37 亿索姆,其中包括财政预算的 55.99 亿索姆;2010 年为 103.81 亿索姆,其中包括财政预算的 81.64 亿索姆。大部分支出用于工资开销(约 45％)。2010 年,国家负担了教育的 78％的支出,剩余 22％由家长负担。尽管学前教育支出有所增加,但对幼儿发育的营养提供、医疗服务和其他措施的资金支持仍然不足。

4.学前教育机构教学质量低下

2006 年,学前教育机构的教师只有 52％接受过高等教育。

5.学前教育和小学教学连续性问题

在学前教育中,其课程往往与小学一年级课程重复,应该制定学前教育机构和小学教学连续性的方案。

(二)优先政策领域

(1)规范学前教育机构网络的运作,并制定相关的法律法规。

(2)为学前教育机构添置设备。

(3)让公众意识到幼儿发展和国家义务教育准备工作的重要性。

(4)维系并拓展国家现有的学前教育体系。

(5)通过替代现有的学前教育机构和项目的模式,扩大 3～6 岁儿童接受学前教育的覆盖面。

(6)针对尚未接受学前教育的儿童,引入全国学龄前儿童的学校准备方案。

(7)对学前教育人员和准备工作人员实行职前培训和再培训。

(8)分析学前教育机构和学校准备工作的完成情况,引进学前教育组织绩效考核制度。

二、学校教育

(一)现状分析

2011年,吉尔吉斯斯坦的2197个普通教育机构招收了101.8万名学生。各级学校教育的主要任务是形成基于能力培养的教育环境,从而引进新的教育内容。

PISA(国际学生评估项目)对15～16岁的学生在数学、文献阅读和自然科学的学习成果方面做出了国际项目评估。吉尔吉斯斯坦进行了两次这样的调查,2006年一次,2009年一次。参与该调查的目的是使吉尔吉斯斯坦的教育进程与全球化进程相适应。

鉴于国家预算和捐助者投资框架,2006年调查结果公布后,国家采取了一系列措施。从2006年开始,国家每年从预算中提取一笔资金用于教科书印刷、学校日常修缮、设备购买和为1～4年级学生提供餐饮服务。

这笔项目资金在世界银行、亚洲开发银行和日本扶贫基金(JFPR)等的支持下,用于教育内容改革、教育融资与教育管理体制改革;学生成绩评价制度现代化;发展教师和学校激励制度,展示最好的教学成果;提供实验室、电脑、语言学习设备等;翻修和扩建教育设施;制订膳食工作计划和为有特殊需求的儿童创造合适的环境。

2009年,PISA的分析表明,学校改革的实施方向正确,教育各方面相比2006年有所提高。阅读提升了5%,数学提升了约3%,科学提升了5%。但在名单上的65个国家中,名次仍然靠后。其他相邻国家的排名情况为:俄罗斯排名43,哈萨克斯坦排名59,阿塞拜疆排名64。

2010年,OECD(经济合作与发展组织)分析了PISA-2009项目评估所显示的教育成果及导致现有问题的根本原因,认为影响调查结果的有以下因素:

1.人均GDP(国内生产总值)

吉尔吉斯斯坦在所有参与调查的65个国家中是最低的,约为1994美元。

2.7～15岁学生的平均支出

吉尔吉斯斯坦的这一指标也是在被调查国家中最低的,约为3000美元。

3.学前教育

吉尔吉斯斯坦的学前教育覆盖率也是最低的。

4.教师数量不足,教科书和基础设施缺乏

在这65个国家中,吉尔吉斯斯坦的缺乏指数最高。

5.教师薪酬

PISA的调查结果不仅评估了学生的成绩,还反映了国家对教育的态度,即国家在教育方面投入的多少。

2009年,吉尔吉斯斯坦普通中等教育国家框架课程(国家标准)以能力培养为基础,对框架的内容做了修订,并于2009年12月21日经由教育部第1114/1号法令予以颁布。该文件重视发展教育制度,以能力培养为基础,将其整合到学校教育制度中,并向"结果导向"的模式转化。

此外,小学 1～4 年级的课程主要停留在分支层面上进行起草和批准。5～9 年级的课程有所发展。10 和 11 两个年级的课程得到初步发展,分为基础(base)和概况(profile)两个方面。吉尔吉斯斯坦高中教育概况的概念是制定高中学科课程的法律框架。

学校正在准备人均融资的试点。根据试点大纲,1～11 年级的学业负担减少了 10％,其中很多课程被整合到综合性课程中。

2009—2010 年,亚洲开发银行在新课程开发的框架下,资助了各地区学校校长和教师进行培训,还为吉尔吉斯斯坦的小学教师制定了"互动式教学模块"。根据学校安排,新的课程在 2011—2012 学年面向一年级学生开设。

关于向普通教育机构提供教科书:2008 年出版了 20 本教科书,印刷总量达 810000 册。2009—2010 学年出版了 47 本教科书,印刷总量为 2079575 册。

地方自治政府必须履行法律义务,向农村低收入家庭的儿童免费提供教科书,提高学校教科书供应总量。

在课程改革过程中,国家批准了国际学生评估项目,并且以伊塞克湖州和塔拉斯州为试点,做进一步的评估。

教师手册中已经明确了课堂评价和以学生为中心的教学方法,并制定了最终考核机制、新测试任务以及高中毕业后的试点测试。

2007—2009 学年,高效的学校运行管理体系在伊塞克湖州和塔拉斯州进行了测试。需要指出的是,学校制定了旨在解决社区问题的微型项目,由此完善了学校作为社会机构的作用,并且确保了社区对活动的参与程度。

在吉尔吉斯斯坦创建法人董事会制度是公共教育管理领域的一大进步。

关于学校预算规划和执行情况的公开听证会,已经在转为人均融资的学校中举行。吉尔吉斯斯坦有 717 所学校已转为人均融资(占全国所有学校的 1/3)。

根据法律规定,地方政府应当对农村的青年教师予以物质和经济上的支持,并保证其享有获得分配、与农场成员平等地享有房地产和其他财产、在当地预算中获得刺激性奖金的权利。然而,地方政府却不能创造此条件。吉尔吉斯斯坦国家区域政策的政府行动计划监测结果表明(2009 年 8 月 14 日第 530 号政府令),保障青年教师的无息贷款,以确保其能够在吉尔吉斯斯坦法律的允许下取得建造住所的资格,这一政策只在纳伦州得以实现。教师法第八条规定,保证教师接受公共交通服务和基础设施的特权,这一政策只在全国 55 个县中的 11 个县得以实现。第七条规定,在确保青年教师拥有住所的前提下,为其分配可供建造的土地,这一政策只在 55 个县中的 14 个县得以实现。

依据教育法的规定,每位教师应在 5 年内接受在职教师培训,同时教师培训差旅费等应当纳入地方预算中。这将有助于解决学校的人员配备问题(特别是年轻专家分配的问题)。此外,还应当通过建立图书馆、门诊、教育机构(幼儿园、学校),引入信息通用技术(如互联网等)来加强各区域的社会基础设施建设。这对社会来说非常有意义,因为它能够保留人口、防止人口流动过大。

在全纳教育的发展方面,2010年底,10356名有特殊需求的儿童被纳入普通教育中,其中超过3670名学龄儿童和2243名学龄前儿童被635所综合性学校以全纳教育的形式接收。有2425名儿童在15所专门的寄宿制学校学习,482名儿童被分配至4所普通学校,还有1536名有特殊需求的儿童在14所特殊幼儿园接受教育。

在日本扶贫基金(JFPR)支持的"促进有特殊需求的儿童获得优质基础教育"的项目框架下,吉尔吉斯斯坦境内的部分心理、医疗、教育咨询机构已经收到了必要的设备和用于有特殊需求儿童检查的仪器。相关机构的专家参加了专门研讨会,接受了对该类儿童的检查方法方面的培训。

在一年内,相关机构的员工共检查了1017名有特殊需求的儿童,同时教师和家长也收到了有特殊教育需求儿童的培训意见和教育建议。

2010年,共有35所普通教育学校、3所寄宿学校和2所幼儿园为有特殊需求的儿童组织培训,接受了价值1468991索姆的设备。此外,全套交付的教学用具共计1615695索姆。教育机构的38个资源中心共收到了51台电脑,其中价值1169000索姆的19台电脑提供给了在家接受培训的儿童。

这些措施已经覆盖了38个教育机构的有特殊需求的儿童,从2007—2008学年的761名,增加到2010—2011学年的1008名。

对于儿童和青少年的课外活动,有133个校外教育机构为儿童提供兴趣课程,其中也面向低收入家庭的儿童。全国只有7.8%的学生接受非学校教育。预算赤字导致全国部分地区校外教育体系开始萎缩。

另一个问题是,大部分校外教育机构都位于以前学校、幼儿园、区域教育部门的老旧建筑中,很多的校外组织没有自己的房屋。这需要地方政府对校外教育机构的正常运作予以足够的重视。只有少数校外教育机构获得了技术改造和设备更新的资金。

地方教育机构在其管辖范围内提供准确的学龄儿童学习情况记录。根据相关规定,地方政府有义务通过国家义务教育对所有学龄儿童进行教育覆盖,并且依据上述规定组织和实施必要的活动。要特别注意低收入家庭的子女、有残疾儿童的家庭的子女,以及父母外出务工家庭的子女。

要尽可能避免低收入家庭的儿童教育受到影响,要创造有利于有各种困难儿童接受教育的环境,甚至照顾到流落街头的儿童,并帮助其返回学校。

国家和地方分配的预算资金以及赞助者的资金,被用于建立新学校和体育馆。每年国家要花费大量资金为各类学校进行修缮。

然而,高水平的融资和学校建设仍然存在问题,考虑要为更多的学生提供符合标准的班级(不超过 30 名学生),需要为 102416 名学生建造 420 所学校。

由于锅炉房等供暖设备陈旧,很多学校急需对屋顶、电力、供水和供暖系统进行翻修。目前有 351 所校舍需要进行大修,这需要从地方预算中分阶段拨款。

现有的学校和建设中的学校,在设施配备上都存在严重的问题。学校的配套设施和设备无法更新,可用的书桌、黑板和壁橱都处于破旧的状态。在全国范围内逐步更换学校的配套设施和设备势在必行。

事实上,基金会每年会为全国的小学生提供餐饮服务,这对提高低收入家庭儿童受教育覆盖率产生了积极影响。然而,学校餐饮现存的主要问题是食堂设施、设备状况不佳,这都需要地方教育机构来解决。

公共管理部门负责人应保证在供暖开始之前,向地方预算管辖的一般教育机构及时供应高质量的燃料。分析数据显示,每个学年开始的时候,几乎都有 12% 的取暖需求没有得到满足。

大多数学校没有对其建筑物和土地进行登记,也没有维护教学建筑的相关手续。逐渐地,地方政府把越来越多的学校土地转化为私有制。

为了防止国家教育机构的土地、教学楼等被转让和回收,地方教育机构将对房地产产权和土地所有权进行强制性登记。

学校教育的主要问题包括:

(1)为教育系统持续投资是可能的,但是应当指出的是,从预算中分配到教育系统的经费不是由教育部分配的,而是财政部先将资金分配到村庄,然后才是学校。目前,学校的教育融资模式阻碍了对费用支出的监管和控制。根据统计,吉尔吉斯斯坦的教育支出增加额不会全部用于更新学校图书馆、教学设备、基础设施和发展教学技术。上述的各项支出只占 14%,剩余的 86% 被用于支付工资、公共事业费和伙食费及抵扣社会基金等。

(2)由于融资通过当地的自治机构进行,学校领导者不了解预算详情,对节省资源和管理资金不感兴趣,因此,他们不断增加教育拨款用来支撑现有的教育结构,而不是发展教育。尽管公共教育融资有所增长,但是对每个学生的支出仍不足以创造与时俱进的教育环境。公共经费不足则由私人资金来弥补。据调查,大约有四分之一的学费由学生家庭自行承担。

(3)学生表现不佳与缺乏必要的教育能力以及课程超负荷有关。高强度学业负担不能保证良好的学习成果,这一点也被吉尔吉斯斯坦的国际学生评估项目证实。

(4)不同地域的不同语言教学对学生的学习成果存在显著的影响。根据过去几年高校毕业生的考核结果,农村学生的平均分为 107 分,城市学生的平均分为 121.5 分。学校的教师技能水平差异很大,教科书、计算机和网络接入等资源分配不平等现象也很严重。

（5）学习成绩评估制度不完善。教育的市场价值和奖励都在大幅度下降。家长几乎没有获取关于学生实际学习进程的具体信息。2011年,全国来自普通教育机构的3000多名毕业生参加了一次颁发荣誉证书的考试,只有95人在母语、数学和吉尔吉斯斯坦历史学科上达到合格要求。

（6）工作人员缺乏,资质不足,中学教师的薪资水平低。只有五分之一的师范专业学生毕业后成为教师。大部分师范专业的学生在获得了免学费的资格后,都选择调换至别的专业。

（7）同时存在的还有失学儿童的教育问题。根据全球化对课本、设备和网络接入等方面的要求,国家需要为儿童创建良好的学习环境。

（二）优先政策领域

（1）依照标准维护网络运行。

（2）考虑使用基于能力的教学方法,实现教育内容现代化。

（3）完善个人教学方法。

（4）提供全纳教育。

（5）向学校提供教科书。

（6）诊断和检测教育过程、结果。

（7）确保多元文化和多语言教育的发展。

（8）为学校通用技术设施建设创造条件（设备配备、技术支持、在职教师培训等）。作为基础设施项目,每年要建造100所新学校。

（9）鼓励那些能够系统提高学生成绩的老师和学校。

（10）开发或引入一套能够提高普通教育教学组织水平的机制,让不同社会群体有兴趣参与其中。

（11）优化普通教育机构网络,清点建筑物,对国家建筑物进行登记。

（12）改革学校融资制度。

（13）改革在职教师培训制度。

（14）推出教师绩效评估制度。

（15）改革教师薪酬结构。

三、初等职业教育和培训

（一）现状分析

现有的初等职业教育体系是一个广泛的网络,由位于不同地区（包括偏远地区）的109个职业学校组成。大部分教育机构（63个）位于乡村,另外46个位于城市。

教育机构数量分布见表1。

表1	教育机构数量分布		单位:个
地区	教育机构总数	涵盖	
		城市	乡村
比什凯克	18	18	-
楚河州	21	5	16
奥什州	15	3	12
巴特肯州	10	6	4
贾拉拉巴德州	21	8	13
伊塞克湖州	9	3	6
纳伦州	9	2	7
塔拉斯州	6	1	5
总计	109	46	63

平均入学人数(以预算为基础)约为29000人。当吉尔吉斯斯坦还属于苏联时,入学人数在60万人以上。吉尔吉斯斯坦独立以后,入学率大幅下降,直到最近才逐步出现公费和自费招生增加的趋势。

近期计划大量增加成人录取人数。成人录取人数的增长趋势是社会关注的指标之一。每年有1.2万~1.4万人在地区劳动力市场的需求下接受特殊的短期培训。短期培训主要包括就业中心支付费用的培训、学员支付费用的培训、企业支付费用的培训。

参加短期培训人数见表2。

表2	参加短期培训人数			单位:人
培训类型	2008年	2009年	2010年	2011年
就业中心支付费用的培训	2528	4005	4413	5249
学员支付费用的培训	3202	7081	7161	8604
企业支付费用的培训	1292	785	1033	1051

从整体来看,初等职业教育的培训体系无法完全应对国家对社会和经济发展的要求;劳动者的质量也无法满足劳动力市场的要求,农村地区尤为严重。这些情况降低了对于青年国民教育资助者和合作伙伴的吸引力。

初等职业教育系统面临的关键问题可归纳如下:

1.课程提供和安排

职业学校不断地提供大量课程,但这些课程无法对接当前劳动力市场的需求,而现有的课程在结构和内容方面都已经过时。此外,基于能力本位培训的课程尚未推出。

2. 教师

由于对员工发展计划没有制度化的管理,大多数教师不会学习现代化教学方法和掌握专业领域技术。他们大多数都是青年教师,薪酬过低,无法将全部精力放在教学上。

3. 培训设备

大多数的职业学校培训设备不充足,很多已过时。

4. 机构管理

大多数职业学校的管理人员缺乏规划、信息决策、监督和经营方面的现代管理技能。这也和管理人员需要进行在职培训和人力资源发展计划密切相关。

5. 职业学校的处境

与高等教育机构相比,职业培训的社会地位低了很多,这种情况导致有编制员工的比例不平衡。

6. 法律框架

法律框架不会对职业学校的灵活性起到刺激作用,无法对劳动力市场的现有需求做出快速调整,也不提供财政自主权。

7. 资金

国家预算主要用于支付教师的工资、津贴和膳食,只有很少的资金用在教学上。

8. 社会伙伴关系

虽然行业和其他社会伙伴的积极参与是职业教育和培训体系的重要组成部分,但目前缺乏制度化的参与机制。制度层面上,职业学校已经建立了行业咨询委员会,但仍有待加强。国家层面上,需要就行业和其他社会伙伴制定政策、规划和监督机制。

(二)优先政策领域

为了解决现有问题,为下一轮工作做准备,将提出以下政策措施:

(1)实现并优化初等职业教育基础设施的现代化。

(2)根据劳动力市场的需求提高培训的质量和内容的相关性。

(3)改进教育机构的管理和融资模式,实行监测、报告和方案评估体系。

(4)改善对初等职业教育系统的访问过程。

(5)为强化社会伙伴在初等职业教育中的角色提供条件。

(6)在职业教育领域构建国家资质体系。

(7)运用信息通用技术,对劳动力市场的需求、学习进程进行分析,并引入相应的管理模式。

(8)对初等职业教育的各个领域实行评估认证制度。

(9)在制度层面支持职业教育系统中的社会伙伴关系。

(10)将初等职业教育的国家资质框架纳入一般资质审查制度中。

（11）根据经济和社会的整体需求，以灵活开放的形式提供职业教育发展的机会。

初等职业教育主要指标见表 3。

表 3　　　　　　　　　　　　初等职业教育主要指标

指标	基线 （2011 年）	中期预测 （2014 年）	暂时预测 （2020 年）
着重实现和加强现代化的职业学校的比例	40%	60%	80%
职业学校优化的比例	-	10%	25%
接受短期培训者在总入学人数中的比例	40%	50%	75%
与雇主商讨制定的职业标准数量	7	49	60
注册并认证的课程数量	-	20	40
职业学校图书馆基金的增长率	10%	35%	60%
通过融资的职业学校数量	-	5	110
为失学青年和残疾人制订的包容性计划数量	3	8	25
履行雇主合同的职业学校毕业生比例	10%	30%	45%
从雇主处接受专业培训的教育机构比例	5%	10%	30%
已经建立的能力认证中心数量		2	9

四、中等职业教育和培训

（一）现状分析

中等职业教育机构大约覆盖了 100 个职业。大约有 6.4 万名学生在 122 所中等职业学校接受教育。2009—2010 学年的中等职业教育机构认证计划见表 4。此计划考虑了对专业人员需求的预测方案，并且满足了州级公共行政部门信息提供者的要求。

表 4　　　　　　2009—2010 学年的中等职业教育机构认证计划　　　　　单位：个

年份	预算资金		居民教育		非居民（远程）教育	
	计划	认证	计划	认证	计划	认证
2009 年	5181	4923	21871	17351	1500	1030
2010 年	5106	4923	21317	16076	2404	971

在教育质量控制框架内，质量控制部门对各类教育机构许可证的认可和可接受性规范进行修改。质量控制部门在吉尔吉斯斯坦的所有中等职业教育机构设立并运行。

中等职业教育中主要有如下问题：

1. 教育成果与劳动力市场的需求不符

中等职业教育现有的资格审查已经过时，毕业生缺乏劳动力市场所需的技能和知识;中等职业教育机构和劳动力市场之间缺乏系统的协调,教育更倾向理论研究,而不是实践。

2.很多没有竞争优势的毕业生进入各个职业领域

从不断发展的劳动力市场需求方面来说,中等职业教育的专业设置缺乏定期评估体系。此外,由于缺乏灵活性,毕业生准备不充分,国家还将面临很多专业培养的人才过剩或短缺的现实。

3.对于就读者吸引力不足

尽管50%的经济活跃人口就职于农业私营企业。但只有少数的中等职业教育机构能够为这些特定人群提供有针对性的专业培养。那些想要改变专业或职业的成人能够获得的培训机会是有限的。

4.管理系统不作为

中等职业教育机构缺乏与就读者之间的互动机制,也没有制定对教育服务质量的评估体系。中等职业教育机构没有足够的自主权来灵活应对劳动力市场的变化。另外,缺少改善中等职业教育形象的专门宣传活动,民众不了解中等职业教育机构提供的培养计划或现有教育课程提供的知识和技能。

5.资金缺乏

中等职业教育的学生学习成本是教育系统中最高的。然而,国家大部分财政支出用于社会援助和基础设施维护,只有非常有限的资金被用于教育及后勤支持。

(二)优先政策领域

(1)缩小中等职业教育课程结构与劳动力市场需求之间的差距,尤其关注区域差异。

(2)让招聘人员参与毕业生资格评估过程。

(3)让民众了解中等职业教育。

(4)优化中等职业教育管理系统。

(5)提高中等职业教育人力资源的质量,引进针对教师表现的评估体系。

中等职业教育主要指标见表5。

表5　　　　　　　　　　　　　中等职业教育主要指标

指标	基线 (2011年)	中期预测 (2014年)	暂时预测 (2020年)
按国家优先事项和区域经济战略分配预算的职位的比例	20%	40%	60%
自愿加入中等职业教育机构学习的人数增加的比例	3%	15%	25%
与招聘人员联合制定的专业标准的比例	2%(旅游业)	30%	60%
由招聘人员委托进行培训的教师的比例	3%(估计值)	50%	100%
参加在职培训教师的比例	3%	30%	50%

五、高等教育

(一)现状分析

青年和成人的教育服务市场正在扩张,并且越来越具有竞争力。有 23.02 万学生就读于 52 个高等教育机构(31 所国立高校、21 所非国立高校),另外还有 3 个自筹资金机构。

高等教育机构的地域分布大致如下:比什凯克有 21 所国立高校和 9 所非国立高校;奥什州有 5 所国立高校和 1 所非国立高校;贾拉拉巴德州有 1 所国立高校和 2 所非国立高校;伊塞克湖州有 1 所国立高校和 3 所非国立高校;纳伦州、塔拉斯州和巴特肯州各有 1 所大学,都是独立后建立的国立高校。

基于津贴空缺分配的新机制,即基于高校专业人员培训计划预测和劳动力市场的现状,国家制订了 2009—2010 学年的高等教育机构入学津贴(预算支出)空缺计划。该计划的预测是根据各部门和各机构以及最基层的公共行政当局的要求做出的。

2009 年,在既有的目标框架内出现了新的以获得学费津贴为目标的入学者,即由地方政府指派的人员。

高等教育机构、分配入学者的企业负责人与框架内目标入学的学生签订三方合同。根据该合同,毕业生有义务返回相关企业工作,地方政府有义务聘请毕业生。

2010 年,ORT(产品可靠性)测试在其结构中逐步引入了附加测试科目。随着化学、生物和外语制定早期测试科目(产品可靠性),物理、吉尔吉斯斯坦历史和世界历史都引入了新的测试机制。

总的来说,2010—2011 学年,9428 名学生在资助下进入以下专业:教育专业(2315 人),建筑专业(258 人),新能源专业(304 人),矿业工程专业(210 人),交通运输专业(157 人),农业专业(255 人),基本公共卫生服务专业(283 人),文化艺术专业(227 人),电信专业(113 人),计算机技术专业(271 人),社会学专业(259 人),电子专业(106 人),食品加工专业(60 人),轻工专业(67 人),旅游与环境专业(71 人),工程技术专业(1801 人),教师专业(2315 人)。

2007 年,约有一半的高校学生参与远程教育(约 47%),这对整体教育质量产生了负面影响,削弱了优质教育的平衡格局。与 2007—2008 学年相比,2010 年远程学生人数减少了 16000 余人。2010—2011 学年,共有 12216 名学生接受高校远程教育,占总入学人数的 39%。

在教育质量管理框架内,国家可对教育机构的许可和可接受性规范进行修改。

2009 年,有 14 个高等教育机构及附属单位被终止教育活动;15 个高等教育机构失去了共计 70 个高等职业培训计划的许可;67 个高等教育计划的审批被暂停;4 个高等教育机构收到了整改通知。

2010 年,根据审计结果,14 个高等教育机构及附属单位和分支机构的共计 74 个专业的许可证被撤销。

质量控制部门在吉尔吉斯斯坦的所有高等教育机构建立并运行。自 2009—2010 学年以来,高等教育机构逐步转向对学生进行模块化的评估。

2010—2011 学年,为一年级学生推出了电子记录簿和学生证制度。在该制度基础上,国家建立了高校统一的教育管理系统(UESEM)。在统一的电子教育管理体系项目的框架内,制定了标准的电子格式。吉尔吉斯斯坦高等教育系统的电子目录已经建成。电子系统构建的学生和教师个人资料已经分发至各个高等教育机构。

在高等职业教育内容现代化的框架下,2009 年教学与方法学协会(Teaching-and-Methodological Associations,TMA)得到了高校合作者代表的参与支持。高等教育专业新规范(分类)草案目前正在高校的教学与方法学协会中进行讨论。新一代国家教育标准(SES)的原型已经开发出来并通过讨论,教学与方法学协会开始制定所有领域和专业的教育标准。根据新一代国家教育标准的规定,需要加强教育计划中的专业组成部分。与此同时,将重点发展高校毕业生的实践技能和专业能力,根据新技术的发展,更新培训项目的内容。

国家制定并通过了基于信用评级技术的高等教育过程管理规范性行为。有关适用教育信用评级技术的规范性文件已由国家高等教育机构通过并实施。目前,信用评级技术被用于吉尔吉斯斯坦的 15 个高校的教育过程(部分领域)。

2010 年 7 月,吉尔吉斯斯坦教育部通过了向两级教育制度(学士—硕士)过渡的提案。

吉尔吉斯斯坦规定高等职业教育机构和中等职业教育机构的运作,并批准了以下文件:

(1)对高等职业教育机构和中等职业教育机构进行额外职业培训的规定。

(2)关于吉尔吉斯斯坦其他职业培训的国家文件样本。

(3)关于吉尔吉斯斯坦其他职业培训的国家文件样本的要求。

2008—2009 年数据显示,有至少 14749 名外国公民在吉尔吉斯斯坦接受高等教育机构的教育;2009—2010 年数据显示,有 18281 名外国公民在吉尔吉斯斯坦接受高等教育机构的教育。

高等教育存在以下突出的问题:

1.毕业生的技能水平和知识储备不足

招聘人员对毕业生的专业评估显示了这一点。对高校毕业生的资格要求相当广泛,文凭考试是正式考核的一种。劳动力市场需求与高等教育课程结构之间的差距导致这些学科的毕业生人数过剩,而另一些学科的毕业生人数满足不了劳动力市场的需求。

2.质量保证体系存在缺陷

现有的两个质量保证机制——许可和认证,都未能产生足够的影响,因为它们并未被用作监测和改进质量的工具。从独立认证机构的角度来看,现在还没有适合高校的评估标准。

3.教师素质较低

60%的教师没有任何学位。高等教育机构实际上并没有提高教师的专业技能。

4.用于学生教育的预算支出不足

差不多有一半的预算用于教师资格的培训,但是大多数学生在最后一年未能履行义务,而是选择了从本专业调换至更有声望的专业。只有 76% 的学生能够毕业,更不用说他们的专业能力。据统计,只有约 45% 的学生能够分配到工作。

5.高等教育机构对科学发展的贡献不大

科学与高等教育之间没有足够的联系,几乎没有针对科学发展方面的教学。

(二)优先政策领域

(1)改善高等教育质量保证体系。

(2)优化高等教育的结构和提升水平。

(3)缩短高等教育与劳动力市场需求之间的差距,特别注意区域差异。

(4)改革在职培训体系。

(5)审议现有的高等教育融资机制,考虑从国立高校向自筹高校转型。

(6)大学科学发展。

高等教育主要指标见表 6。

表 6   **高等教育主要指标**

指标	基线 (2011 年)	中期预测 (2014 年)	暂时预测 (2020 年)
本国高校中引入两级制的比例	30%	92%	92%
高校数量(单位:个)	52	实际	实际
·公立	31	31	31
·私立	21	实际	实际
毕业生学位比例			
·学士	7%	40%	70%
·硕士	3%	20%	20%
拥有独立认证的学术课程数量(单位:个)	2	20	50
高校的定性组成比例			
·学士/专业人员	59%	30%	0%
·硕士	15%	25%	40%
·科学博士候选人	20%	30%	40%
·博士	1%	5%	10%
·科学博士	5%	10%	10%
高校科研基础设施和仪器设备许可规范比例			
·图书馆	80%	100%	100%
·教科书	50%	80%	100%
准备答辩的研究生和医学科学博士的比例(以 2006 年基线为准)			
·科学博士	13.3%	20%	50%
高等教育毕业生就业比例(包括继续教育和个体经营者)	30%	50%	80%

六、成人教育和非正式教育

(一) 现状分析

教育是一个持续一生的过程,国家有义务提供接受继续教育的机会,主要面向那些想接受继续教育的人,还有那些想弥补错过教育机会的人。

目前,吉尔吉斯斯坦成人教育的重点是通过教育覆盖所有从未上过学或因种种原因而退学的公民。社会因素、家庭条件和经济问题导致大多数家庭的儿童和青少年面临失学的处境,导致他们日后只能以微薄的收入维持生计。

很多时候,被迫上班的儿童和青少年要给予家庭经济支持,所以让他们重返学校是相当困难的。童工问题是自吉尔吉斯斯坦独立以来最大的问题之一,这往往与家庭迁移和流动有关,使得儿童和青少年在接受教育方面更容易受到影响。

对夜大和函授的学生进行的分析表明,夜大和函授的学生主要是智力健全但在过往的教育中受到忽视的儿童和青少年。这些人需要接受补偿性教育。

2009—2010 学年,普通学校、夜大和函授的学生人数从 3352 人增加到 5482 人。到 2020 年为了完成扫盲工作,吉尔吉斯斯坦应当有大约 80 所夜大。与此同时,国家不再为夜大和函授的学生提供资助资金。

越来越多的人意识到青少年和成人培训和再培训的重要性,特别是在失业率上升的时候。成人失业者在就业机构登记时,往往是在初等职业教育制度的框架内进行再培训。而其他职业教育,如中等职业教育或高等职业教育,可以为成人设计和实施更有吸引力的学习计划,让他们掌握必要的技能。

全国有 1000 多个中心颁发国家许可证,为成人提供非正式教育。其中许多人专注于为失业人员提供培训,帮助他们获得知识和技能,以加强他们在劳动力市场上的竞争力。

吉尔吉斯斯坦 12 个州立教育中心为民众学习提供广泛的机会,如个人发展、职业教育、辅助培训。在完成基础教育的学习和其他课程之后,学员可以获得证书。这也意味着通过教育,成人可以充分参与社会生活。这些中心还为单身母亲、退休人员、失业妇女等特定目标群体提供培训。

总的来说,为成人教育服务提供数量最多的领域是成人语言培训,提供多功能培训中心,提供全面服务,如外语＋电脑技能＋办公室管理＋组织管理等一系列服务。同样,许多公司也提供信息通信技术、驾驶、会计和缝纫方面的职业培训。

成人教育存在以下突出的问题:

1. 成人前的基础教育的覆盖率和辍学率

根据国际组织的各项研究,并对国家统计委员会提供的数据进行分析,全国有 6%～11% 的学龄儿童无法上学。农村儿童因各种原因而失学的比例达到了 75%。相比而言,男孩辍学率比女孩高 2 倍。由于没有接受充分的教育,失业率有所提高。在这些群体中有很多儿童无家可归或成了少年犯。据统计,2010 年,犯罪者中有 7.6% 是未成年人,77.8% 的罪犯没有学习和工作经历。2009 年人口普查与 1999 年人口普查数据对比显示,15 岁以上受过中等职业教育的公民人数从 10.8% 下降到 7.1%;15 岁以上受过普通基础教育的公民人数从 18.3% 下降到 11.9%;15 岁以上受过初等普通教育(1~4 年级)的公民人数从 6.3% 下降到 5.5%;10~14 岁文盲的比例增加了 3.5 倍;而在 10~28 岁的年轻人中,几乎有 14% 的人对"你会读写"的问题回答"不会"。

2.非正式教育的质量

尽管非正式教育机构在招生时必须持有许可证,但各教育机构在开展各级教育的过程中缺乏认证体系,因此,很多专家对这些机构的教育质量表示怀疑。因为许可证可以被授予,但教育质量只有培训者开始培训、资金注入后才能真正得到验证。

3.调整经济活动人口,迅速改变劳动力市场需求

根据劳动力市场的需求,特别是通过进一步的职业教育,当地成人再培训的运作问题是相当迫切的。那些需要再培训的公民通常都是自掏腰包。只有在特殊情况下,地方自治机关才会根据区域经济发展的需要和战略规划,为当地人民提供培训和技能提升服务。成人才有机会将正式和非正式教育结合起来。

(二)优先政策领域

(1)在法定时限内,扩大从未获得基础教育人员和此前被迫辍学人员的基础教育覆盖率。

(2)制定成人终身学习的立法框架。

(3)经济活动人口应当适应迅速变化的劳动力市场需求。

(4)建立成人教育质量保证体系。

(5)形成专业经验和资格认定制度。

成人教育和非正式教育主要指标见表 7。

表 7 　　　　　　　　　　　　成人教育和非正式教育主要指标

指标	基线 (2011 年)	中期预测 (2014 年)	暂时预测 (2020 年)
夜大和函授班级数量(单位:个)	51	65	80
夜大和函授班级招生数量(单位:个)	5482	10000	17000
组织技能开发和课程再培训的许可证数量(非正式教育)(单位:个)	1000	根据实际情况	根据实际情况
提供持续职业教育服务的中等职业教育机构数量	根据 CPE 执照	根据 CPE 执照	根据 CPE 执照
提供持续职业教育服务的高等教育机构数量	根据 CPE 执照	根据 CPE 执照	根据 CPE 执照

七、教育管理、监督和战略规划

(一)现状分析

分析了当前吉尔吉斯斯坦教育领域的战略方案,也分析了捐助者在十年中对吉尔吉斯斯坦教育部门的参与情况,研究结果提交给了国际教育捐助咨询理事会(International Consulative Donor Council on Education)。在世界银行的财政支持下,专家们编写了一份关于教育部门信托评估的报告。2009年,经济合作与发展组织(OECD)和世界银行专家参与了对教育部门的政策审查。

自2009年以来,吉尔吉斯斯坦教育部执行了有效性年度内部评估体系,并制定了以下文件草案:《吉尔吉斯斯坦2012—2020年教育发展概念》《2012—2020年教育发展战略》。

2011年,欧盟委员会启动了一项为期两年的"吉尔吉斯斯坦教育部门支持"项目,将部门支持发展教育计划纳入教育体系,从根本上改变了国家对教育管理的态度。

2011年,联合国儿童基金会开始支持平台建设方案,开发相关的"吉尔吉斯斯坦教育机构信息数据库",以便收集和分析国内所有教育机构的相关数据,建立基于教育部网站的教育门户。

在管理、监督和战略规划议题下,应当注意以下事项:

1. 教育管理体系协调不足

缺乏可用的教育管理信息系统(EMIS基于定量和定性指标,包括材料、技术、人员等指标),导致教育部、地方管理机构和教育机构之间横向和纵向协调不足,未能起到监测和评估作用。国家统计委员会定期收集并公布数据。然而,以年度趋势形成的国家统计委员会的数据不能用于教育制度的运作管理。此外,国家统计委员会每年花费约100万索姆的经费用于《教育与科学年鉴》的相关研究和出版。

2. 信息不足并存在争议

由于缺乏相关部门的综合信息,有效管理教育制度出现了问题。这种情况并不符合结果导向管理和证据导向战略规划的现代需求。虽然国家统计委员会收集的数据和教育部的数据有很大差异,但包括教育部在内的相关部门也参与了数据的收集工作。

3. 监测评估体系不完善

现代管理和战略规划直接依赖于综合监测评估体系,包括独立的监测评估体系,这些体系目前在教育部门中都是缺乏的。准备为学校和其他教育机构提供更大自主权的战略,确立能够有效保证和推行自主教育机构的责任制度是十分必要的。

4. 教育管理中公私合作较弱

在就业方面,教育部门的覆盖面非常广,它的任何变化都具有很大的公共利益,涉及许多利益相关者。然而,如今教育过程的参与者和利益相关者的努力往往以不同的方式和形式来表达。州层面的公民管理委员会和城市教育管理体制还没建立起来。

5.现有的管理体系职能不健全

仅限于指导方针和正确执行决议的监督活动,而没有对教育质量进行系统的监测与评价。管理体系不鼓励当地决策者对其行为结果负责任。教育部由于缺乏任命和解除教育机构主管的能力,所以在有效贯彻决策过程中缺少发言权。

(二)优先政策领域

(1)确定教育部门和教育组织的职能。

(2)提高权威部门的透明度和责任感。

(3)激励教育服务提供者高效运作。

(4)提供有效管理的基础设施支持。

(5)促进教育机构的企业管理转型。

(6)实行公共财政在教育体系中的统一战略。

(7)提高教育财务管理制度的效率。

(8)为吉尔吉斯斯坦的教育体系制定激励和评估的最优机制,并且为教育管理和教育发展预测提供数据库支持。

(9)将监测评估体系纳入决策过程,并且实行人力资源改革。

(10)教育制度监督评估过程制度化。

教育管理体系主要指标见表8。

表 8 　　　　　　　　　　　　　教育管理体系主要指标

指标	基线 (2011 年)	中期预测 (2014 年)	暂时预测 (2020 年)
规范对教育体系中结构性划分的功能分析	功能分析是偶尔进行的,包括由捐助者发起的功能分析	功能分析由第三方公司定期进行(三年一次),由国家机关发起	功能分析将奠定吉尔吉斯斯坦教育部的高效结构和整体教育管理体系的基础
发展教育机构自主权	吉尔吉斯斯坦学校人均融资部分实现自主权的可能性	以人均融资原则为依托的学校战略发展规划	将人均融资和战略规划引入幼儿园至高等教育的各个阶段
设立公共机构(例如董事会)的学校的比例,以促进普通教育机构的战略管理	低于 10%	30%	超过 50%
利益集团与教育管理机构的对话和对教育政策设计的参与	相关的监管框架正在运营,公共咨询委员会已经在各部门和机构设立	在 56 个城市和州教育部门设立公共咨询委员会,以便参与专家和非政府组织代表的对话,确保活动的透明度和管理体制改革的顺利进行	教育政策的设计和讨论适当考虑利益集团即消费者,构建互联网论坛的开放格局

教育财务管理主要指标见表9。

表 9		教育财务管理主要指标	
指标	基线 （2011 年）	中期预测 （2014 年）	暂时预测 （2020 年）
地方预算对教育的最低标准使用情况	用于国内 1/3 有预算融资标准的学校	在学校教育体系中引入并使用	用于各级教育（幼儿园至高等教育）
国家普通教育学校与人均融资制度的比例	32.7%	100%	100%
初等职业教育学生资助的最低标准	开发	开发并部分实施	全面实施
中等职业教育学生资助的最低标准	尚无	开发	全面实施
高等教育学生资助的最低标准	以最低培训成本的形式存在	开发	全面实施
改变国家和地方预算的格局——向方案预算过渡	试图制定	建立试点且部分实施	全面实施
开展模块化课程（在职），培训教育机构管理人员，定期进行培训	尚无	建立试点且部分实施	全面实施
财务提供实施战略发展计划（不是网络维护，而是发展计划）的比例： • 国家预算水平 • 捐助者参与程度	 20% 80%	 50% 50%	 70% 30%
对吉尔吉斯斯坦学校的预算融资标准（PCF）的覆盖率	82%	根据实际	根据实际

监测和评估主要指标见表 10。

表 10		监测和评估主要指标	
指标	基线 （2011 年）	中期预测 （2014 年）	暂时预测 （2020 年）
包括监测和评估计划的主要政策文件（战略和其他相应文件）的比例	整体小于 50%	100% 的战略文件和超过 50% 的其他相应文件	100% 的战略文件和 100% 的其他相应文件
教育部监测和评估部门结构的运作	创建了吉尔吉斯斯坦教育部的监测和战略规划部门	随着监测和战略规划部门的进一步加强，吉尔吉斯斯坦教育部在吉尔吉斯斯坦教育学院国家检测中心进行评估，且有独立评估人员参与	监督评估制度依托于相关结构部门对教育制度进行高级定期监测的数量，并对其结果进行评价

（续表）

指标	基线 （2011 年）	中期预测 （2014 年）	暂时预测 （2020 年）
公司信息网络和数据管理系统的状况	信息数据库（作为联合国教科文组织和教育部联合项目的一部分）用于学校层面	教育部各部门和各区域教育部门全面参与；启动所有教育层面的可更新数据库。教育门户正在运行，并整合到教育部的活跃网站中，教育管理信息系统的长期概念得到发展	全国所有教育机构全面参与企业信息网络和数据管理系统
建立普通教育机构一级学生成绩监督评估制度	通过信息和总结性评估项目和传统的国家最终认证，参与国家级学生成绩评估和 PISA	学生成绩监测与评估工具，按国家学校统一格式设计并测试	学生成绩监督评估体系在各级普通教育机构实施

八、教育发展战略 2020 年的监督与评估

执行战略的有效性应由独立评审委员会评定。教育发展战略 2020 可分为战略开发、战略实施、战略修正三个阶段。

（一）监测和评价的目标

（1）评估"2009—2011 年国家发展战略"中教育部分实施情况。

（2）确定"2009—2011 年国家发展战略"中教育部分成功经验。

（3）确保"2012—2020 年教育发展战略"和三年行动计划的制订。

（4）确保负责执行行动计划的各方的能力建设。

（5）为确保战略规划的有效性，采取强制性评估措施。

教育发展战略 2020 评估标准见表 11。

表 11　　　　　　　　　　　　　教育发展战略 2020 评估标准

阶段	评估	明晰	参与	通信	管理
第一阶段：战略开发	采用各种（官方和非正式）来源的统计数据进行综合分析；任务和活动是可衡量的	在现状分析的基础上制定和解释战略重点；发展任务以现状分析结果为基础	所有利益相关者参与战略规划的制定；向负责实施战略规划的每个利益相关者进行说明	所有利益相关者都会及时了解流程及阶段；该计划的最终版本可供所有利益相关者使用	准确界定各方在执行中的作用和职责；制订详细的行动计划
第二阶段：战略实施	界定出主要指标；收集所有必要的统计数据	履行计划，确保达到目的；所有行动均按照计划进行	所有利益相关者参与实施该计划；负责实施计划的各方按照战略规划运作	负责执行战略的各方以及利益相关者都清楚战略的内容；所有上述各方都会定期了解战略的实施过程	准确界定负责执行战略的各方的角色和职责；预留出足够的资源，用于战略实施

阶段	评估	明晰	参与	通信	管理
第三阶段：战略修正	开发评估和监测机制；考量并更新战略	如有必要，根据政治、经济情况及国家其他重大变化，重新考虑战略规划；战略实施的时间表也要根据战略的变化重新考量	多咨询利益相关者战略修订事宜	所有利益相关者都将了解到教育发展战略2020的变更和处理	准确界定负责修订教育发展战略2020的各方角色和职责

（二）预期结果

1. 教育的成果很长一段时间才能显现

2012—2014年，国家将建立一个基于能力的教学体系（通过能力模式替代知识模式）。此后，教育制度的主要标准是毕业生能根据国家有关的经济、社会、文化和政治需要，战胜遇到的挑战。

2. 在学前阶段引入国家教育标准

从2011—2012学年的一年级新生开始，将学前教育和基于课程的教育引入学校教育中，同时设计职业教育新标准，将高等教育体系向"学士—硕士"体制转化，引入更具效率的支付制度，这种方式能够让每个学生在各个阶段获得最基本的教育资格，从而提升其在各个教育阶段内的沟通能力、专业技能，以及人格发展的各项指标。

（1）在幼儿教育期间，将提高儿童在一定环境下活动和学习的能力。

（2）普通教育学校的毕业生必须获得关键的信息处理、社交和决策能力，以及足以继续接受教育或进入劳动力市场的相关能力。

（3）职业教育必须能够让求职者与劳动力市场的需求相匹配，并使求职者系统地提高不同形式的技能或接受再培训。

3. 教育能够让人在不同的环境中生存

由于人们始终面临新问题和新挑战，所以在正式和非正式层面的教育上，都应该确保多元化的教育制度。

只要融资稳定，人力资源充足，到2020年，教育发展战略的实施将取得以下成果：

（1）对教育和科学体系持续投资。

（2）提高学前发展项目和教育的覆盖率。

（3）制定短期课程和再培训制度，以满足人们特别是弱势群体和残疾人的需要。

（4）引入基于能力的教育方法——各阶段结果导向型教育。

（5）形成现代教育环境。

（6）对多元文化和多语言教育具有包容性。

（7）实现终身学习。

（8）所有教育阶段发展合作关系，让社区和合作者积极参与教育进程。

（9）建立高效的管理系统和融资机制。

（10）设计教育部门融资模式的通用方法，适当考虑融资流程的自动化，确保教育部、地方教育管理机构和教育机构的财政透明度和审计的公平、公正。

（11）提供决策系统的监测和评估数据。

（12）缩小劳动力市场需求与教育培训制度之间的差距。

（13）通过培训，提升培训者对长短期培训的认同。

（14）发展大学科学，鼓励创新成果。

（三）面临的挑战与风险（鉴于世界发展趋势和内部风险）

（1）经济的发展条件。

（2）社会情况的不确定性妨碍有效的教育体系改革。

（3）政治的不稳定性、自然灾害、技术灾难、腐败风气。

（4）缺乏国家财政支持或足够的教育系统经费预算。

（5）为了执行部门发展政策措施，延迟或终止投资教育。

（6）教育和文化水平较低，人口结构形势严峻，对内、外部移民的控制不足。

（7）吉尔吉斯斯坦激进的宗教运动和不同宗教间紧张局势的增加。

（8）社会不参与制定和实施教育政策。

（9）学术自由度低，欠缺诚信。

（10）教师职业声望不高。

（11）某些社会阶层和部分专业团体缺乏对创新教育及必要性的了解。

（12）高、低收入家庭的儿童以及生活在城市和农村的儿童接受优质教育的机会差别加大。

（13）信息通信技术领域的落后。

（14）缺乏支持全纳教育的机制（包括移民、难民、街头儿童等群体）。

吉尔吉斯斯坦宗教教育与宗教学校法(草案)

第一章　一般规定

第一条　条例主体

1.本法旨在规定:吉尔吉斯斯坦宗教教育的制度化;规范宗教教育实体的法律关系及同政府机构、非宗教教育机构的互动关系;定义宗教学校活动的类型和形式,并且依照政府规定精简宗教学校的活动形式。

2.本法旨在简化宗教教育,维护吉尔吉斯斯坦人民的宗教和精神文化,确保宗教和道德教育拥有法律保障。

第二条　吉尔吉斯斯坦宗教教育立法

吉尔吉斯斯坦宗教教育立法的依据是本国主权、稳定和国家安全。本法依托于国际人权条约以及其他有关宗教和宗教教育自由的法律法规,并且立足于吉尔吉斯斯坦宪法和宗教组织自由法。

第三条　基本术语

本法的基本术语如下:

(项目)认证:教育计划服从于政府和其他教育项目。

期末考试:用于评估毕业生理论与实践知识,包括检查毕业生特殊学科的知识掌握情况。

礼拜日学校:在礼拜日对儿童和成人进行基督教教育的学校。

教会神学院:培训神职人员的基督教学校。

宗教机构:培训专业神职人员的高度专业化高等教育机构。

《古兰经》学习课程:教授基本的伊斯兰教相关概念。

许可证:向教育机构发放培训许可证,准其开展旨在保证符合国家标准的教育培训活动。

伊斯兰学校:以宗教为导向提供普通中等教育的专业性中等学校,结合特殊的训练,在宗教领域培养学生。

(宗教)寄宿学校:带有宿舍的封闭式学校,由私人或法人组织为学生提供全面的给养。

宗教教育计划:培养个人文化;培训宗教导向的专家;使个人适应社会生活;为个人决策能力和了解基础、普通和专业宗教教育计划奠定基础。

宗教教育：宗教学校的宗教活动旨在提供专门研究宗教知识的机会，并且学习和传播宗教信仰，同时根据宗教教育计划为学生举办神圣的朝拜活动。

宗教大学：多重目标的高等宗教教育机构。

教区学校：由教区组织的基础学校。

第二章　宗教教育体系

第四条　宗教教育的权利

吉尔吉斯斯坦公民不论性别、族裔、语言、社会或财产状况、宗教或政治信仰如何，均享有接受基础、中等、特殊或高等宗教教育的权利。

第五条　宗教教育的标准

1.宗教学校法人在章程中界定的金融和经济活动方面的权利，以及侧重于教育过程筹备的权利，应当从宗教学校经司法机关登记注册之日起产生。

2.宗教教育标准必须以吉尔吉斯斯坦制定的国家教育标准为依据。

3.适用于所有宗教教育计划的主要要求如下：

(1)明确定义宗教教育计划内容中最低限度的基础性知识。

(2)明确学生最高学术目标的定义。

(3)明确宗教学校毕业生的知识水平要求。

(4)确定宗教学校毕业生专业化和资格认证水平的文件形式。

(5)明确教师的专业要求。

第六条　宗教学校的法律地位

1.宗教学校法人在章程中界定的金融和经济活动方面的权利，以及侧重于教育过程筹备的权利，应当自宗教学校经司法机关登记注册之日起生效。

2.宗教学校开展宗教教育活动，依照吉尔吉斯斯坦法律规定享受权利，自向学校颁发登记证书之日起计算。

3.注册证书由经过吉尔吉斯斯坦法律授权的处理宗教事务的国家机关颁发。

4.因专家负面的评估而拒绝向宗教学校颁发许可证的行为将受到法律的制裁。

5.以上事务均依据吉尔吉斯斯坦宗教教育法，以及各自负责教育和宗教事务的授权机构执行。

第七条　宗教教育计划

形成个人文化；培养具有相关资质的专业人才；培养个人适应社会的能力；形成决策能力；掌握基础、普通和专业宗教教育内容。

经授权的国家教育和宗教事务机构有权对宗教学校进行检查，指导其消除违规行为，对于不符合吉尔吉斯斯坦法律规定的教育计划和条件的注册宗教学校，暂停其一切活动。

第八条　宗教学校的创始人

宗教学校可以由注册宗教组织授权建立,需要满足的条件是宗教学校符合国家教育计划,并拥有开办和运营教育机构所需的适当文件。

外国公民不能成为宗教学校的创始人。

第九条　宗教学校的章程

1.宗教学校的章程应由其创始人批准。

2.宗教学校的章程应指明:

(1)创始人的姓名和学校地点(法定地址)。

(2)目的和目标。

(3)提供的教育服务清单和教育程序。

(4)入学程序。

(5)开除程序。

(6)学术活动管理的规定,包括用于教学和指导的(一种或多种)语言和培训制度。

(7)宗教教育机构的人员编制、工作条件和付酬程序,工作人员的权利和义务。

(8)财务和经济活动的结构和程序,资金的永久来源和学校宗教活动的后勤支持。

(9)章程更新程序。

(10)宗教学校的重组和清算程序。

第十条　宗教教育的教学形式

吉尔吉斯斯坦宗教教育的教学形式应为全日制,不得采用其他教学形式。

高等和中等宗教学校的招生人数应按照吉尔吉斯斯坦教育法、吉尔吉斯斯坦许可证法确定。

国家宗教组织之外的家庭宗教教育课程或其他组织举行的培训课程都是不被认可的。

第三章　宗教教育中的法律关系

第十一条　宗教学校学生和员工的权利和义务

1.宗教学校学生和员工的权利和义务由本法和宗教学校章程规定。

2.学生应享有充分实施教育计划所需的一切权利和义务,从宗教学校毕业后,有权收到证明其接受宗教教育的证书,以证明其拥有毕业生资格。

3.学生有义务按照宗教教育计划掌握相关知识,遵守规定,尊重国家传统,对损害吉尔吉斯斯坦宪法的相关行为负法律责任。

4.吉尔吉斯斯坦未成年人不得出国接受宗教教育。

5.吉尔吉斯斯坦公民在经吉尔吉斯斯坦立法授权的负责宗教和教育事务的国家机关批准下,可以出国接受宗教教育。

6.教授宗教科目的人士必须接受高等或中等的特殊宗教(文书)教育。

7.宗教学校员工享有如下权利:

(1)维护他们的职业尊严和荣誉。

(2)创造实施专业活动的适当条件。

8.宗教学校员工拥有如下义务:

(1)遵守教师的道德标准。

(2)确保他们的学生取得符合国家教育计划要求的成果。

(3)让学生遵守道德标准。

(4)不得向学生施加身体或精神暴力。

第十二条　宗教学校社会保障安排

1.宗教学校按照吉尔吉斯斯坦法律规定的程序缴纳国家社会保险。

2.所有宗教学校员工应按吉尔吉斯斯坦法律规定获取退休金。

第四章　宗教学校的注册、重组和清除

第十三条　宗教学校的注册

1.宗教学校应根据《吉尔吉斯斯坦"民法典"》《吉尔吉斯斯坦法律实体国家注册法》《吉尔吉斯斯坦宗教组织自由法》等进行注册。

2.宗教学校应当在国家授权负责宗教事务机构认可的情况下,依照吉尔吉斯斯坦法律对宗教学校进行注册。

第十四条　宗教学校的重组和清除

1.宗教学校可根据吉尔吉斯斯坦法律改组成不同的宗教或教育机构。宗教学校的重组程序应由宗教学校章程确定,并遵守吉尔吉斯斯坦法律。

2.以下情况的宗教学校应当被清除:

(1)不符合《吉尔吉斯斯坦法律实体国家注册法》《吉尔吉斯斯坦宗教组织自由法》。

(2)不符合宗教学校章程。

(3)由被授权的国家宗教事务机构或国家教育事务机构提出,在没有许可证(证书)的情况下进行宗教教育活动或其他法律禁止的活动,或在其章程中未说明的情况下从事超出章程活动的宗教学校,司法当局有权清除。

第五章　宗教学校资助

第十五条　宗教学校的资金来源

宗教学校有如下资金来源:

(1)在培训过程中自筹资金。

（2）附属农场或生产活动的收入。

（3）收到来自个人或法律实体的捐款或遗产。

（4）以援助或捐款形式获取的外国个人或法律实体的资金。

（5）通过符合吉尔吉斯斯坦法律规定的任何获取资金的方式获取的资金。

第十六条　宗教学校的物质与技术基础

宗教学校的物质与技术基础应包括用于建造社会和人道主义活动的建筑物、结构体、设备、设施以及实施组织活动所需的其他用具。

第六章　宗教教育的国际活动

第十七条　国际合作

1.宗教教育领域的国际合作应基于独立、平等、相互尊重的原则，不得损害吉尔吉斯斯坦的国家主权、安全或公共利益。

宗教教育领域国际合作活动的类型如下：

（1）临时聘任外籍教师。

（2）安排学生出国学习或强化其宗教知识。

（3）组织科学实践活动，旨在提高教师能力并分享经验。

2.吉尔吉斯斯坦公民在外国宗教学校进行的研究、培训、再培训和高级培训，以及吉尔吉斯斯坦宗教学校对外国公民进行的培训，除非违反吉尔吉斯斯坦法律规定，否则均应以宗教学校缔结的协议为基础。

第七章　最终规定

第十八条　生效日期

1.本法自官方公布之日起实施。

2.吉尔吉斯斯坦政府应根据本法监管实施活动。

乌兹别克斯坦

通过模拟(计算机建模)可能出现的场景,预测教育部门关键指标的发展动态及2013—2017年教育部门计划的财务支持状况。

2. 社会经济概况

该部分主要分析经济增长和国民经济发展的主要指标,特别是国内生产总值的增长率以及人均国民收入的动态。通过对通货膨胀过程的分析,对宏观经济指标进行评价。

此外,该部分还提供人口统计报告,反映由于死亡率下降导致的人口增长状况。教育覆盖面的分析显示,乌兹别克斯坦适龄人口的总入学率在96.40%～98.16%波动。

从中等职业教育院校和高等职业教育院校的毕业生就业角度阐述劳动力市场的发展状况:一方面,整体上就业率呈增长趋势;另一方面,职业院校及高等教育院校毕业生的失业率较低。

国家预算管理局介绍了国家预算执行的动态,并对预算收入和支出进行了比较。报告指出,1995—2003年,预算收入逐渐减少,目前稳定在占国内生产总值30%的水平。

国家统计数据和国际研究报告证实了国内宏观经济形势的稳定性和可靠性,人口指标和就业指标维持在良好水平。

3. 当前的教育体系

该部分内容包括对乌兹别克斯坦教育体系的回顾,并描述了教育体系的现存结构及其功能和状况;还提供了关于教育内容进一步改善、人力资本增加以及教育质量监测等主要问题及其矫正措施的必要信息;同时,也指出了资助和教育管理的问题。

第一部分说明国家教育体系模式的主要特征之一是确保人民接受继续教育,使每个人都有机会积累知识,获取专业技能并从事相关职业。在国家教育标准和各级各类教育计划的基础上,继续教育体系包括学前教育、普通教育、中等教育、职业教育、高等教育、研究生教育、技能提升、人员再培训、校外教育等形式。普通教育、中等教育、职业教育是强制性的,覆盖6～18岁的适龄人口。

第二部分概述了乌兹别克斯坦继续教育的立法基于乌兹别克斯坦宪法。在乌兹别克斯坦教育法、国家人才培养计划中,详细阐述了宪法中的规定。关于社会弱势儿童受教育权利的相关条例在《乌兹别克斯坦儿童权利保障法》《乌兹别克斯坦国家语言法》《乌兹别克斯坦残疾人社会保障法》中有所规定。

第三部分阐述了教育体系发展(根据教育类型)的细节,其中性别平等和社会弱势儿童群体的教育受到了特别关注。

终身教育体系由大约18000个教育机构组成。乌兹别克斯坦基本解决了普通教育学校7～15岁人口的教育问题(入学率为96.8%)。在16～18岁的人口中,89%的人继续接受中等职业教育,该年龄段学生的比例高于其他与乌兹别克斯坦同类型的国家。但是,3～6岁的儿童在学前教育方面的覆盖率不超过23.3%。因学前教育的缺失,包括未做好继续接受普通教育的准备等一系列问题未得到解决,乌兹别克斯坦政府呼吁采取更积极的行动来扩大幼儿园的一年制短期教育,并为家长提供家庭阅读材料。此外,提高普通教育体系中教师和管理人员的能力水平仍是亟须解决的问题之一。高等教育方面要提高基础设施的现代化水平,提高高等学校的供给水平。

立法保障了男女平等接受教育的权利。目前,幼儿园儿童中49%为女生,普通教育学校的学生中48.4%为女生,职业院校的学生中48.1%为女生。与此同时,女生在学术学院(占40.5%)及高等院校(占37.5%)中就学的比例呈下降趋势。此外,职业院校及大学的某些专业存在男女比例失调的现象,女生更偏好于教育、医疗保健、体育文化和运动等相关专业。

教师培训是根据课程、本科和研究生教育计划、职业学院教育专业(幼儿园和校外教育机构)等内容进行的。教师再培训项目由86个专业教育机构(学院、大学院系)实施,每三年一次。为了实现这个目标,政府启动了总统基金会。考虑到教师教学需要,必须建立更加灵活的教师再培训制度。从这一点来讲,不仅需要良好的教师再培训机构,而且需要配备高水平的教学技能培训人员。

成人教育是通过正规教育(职业教育、高等教育、研究生教育、人员再培训和技能提升培训机构教育)和非正规教育来实施的。同时,"成人教育"一词在乌兹别克斯坦的立法中并未提及,没有固定的统计数据,因此成人教育的情况需要进一步分析。

校外教育不是强制性的,而是为儿童和青少年的个人教育及其发展需求提供服务,并帮助他们组织休闲活动。校外教育也由中等教育学校组织的兴趣小组进行。需要解决的问题包括规定的条理性以及改善此类教育机构的人力资源潜力等。

保护人口是一项优先的国家政策,因此政府特别关注与弱势群体教育有关的问题。

在学前教育阶段为多民族地区的儿童提供6种语言的教育,中等教育机构提供7种语言的教育,学术学院、职业院校和高等教育机构提供3种语言的教育。

低收入家庭以及没有父母照顾的儿童在寄宿学校生活和学习。在福利院,为孤儿和没有父母照顾的儿童提供教育和保护。每年给低收入家庭的普通教育学校的学生提供冬季服装。免除约8万名(占总数的15%)儿童的幼儿园保育费用。政府给偏远地区的儿童提供教育机会,确保所有适龄人口享有平等接受教育的权利。

乌兹别克斯坦法律禁止教育机构拒绝或限制艾滋病病毒感染儿童和艾滋病患病儿童接受教育的权利。所有艾滋病病毒感染儿童和艾滋病患病儿童都可在教育机构学习,并且与其他学生一样参与学校生活。

残疾儿童在特殊幼儿园(95所)、特殊学校(85所)和大学(4所)接受教育,对他们的教育基于其自身利益及医疗质量委员会的建议进行。目前,乌兹别克斯坦有9000多名儿童在家里学习。当前政府正在实施试点项目,目的是形成一个包容性的教育环境。其中约有2.8万名儿童在普通教育学校学习。同时,应在修订和引入附加全纳教育的法律机制方面开展更多的工作,还应进一步完善教育机构的基础设施。针对儿童的联合教育,应采取措施制定专门的法律和规定。

第四部分是关于教育部门资金投入、教师工资、教育管理、教育质量、符合人口和劳动力市场需求的教育体系等问题。

教育部门的资金投入达到了国家预算的 35%，用于学习活动、人员培训以及学校建设。普通中等教育的拨款占教育财政总预算的 55%～60%，特殊职业教育的拨款占 17%～22%，学前教育占 10%～12%，而高等教育占 5%～6%。

乌兹别克斯坦的教师工资不断提高。目前教师年平均工资（包括奖金）为 4200～4800 美元，与全国人均收入大致相当。国际专家认为这一水平相当于国际平均工资水平。

教育质量按照国家教育标准规定，设定了学生的知识水平和能力水平以及学科内容等相关要求。除了教育内容的标准，还有教育过程中的条件（学校场地，配套设施、设备），以及对教育机构的行政人员和教师资格要求的标准。现有的监测系统可分析学习材料的级别，但是目前没有全面地系统监测影响教育质量的所有指标，并且未设定教育质量的参数。联合国儿童基金会当前正在开展改进监测机制，确定资源、条件、学习过程和教育成果的质量参数和指标的工作。

中等职业教育体系提供了八个方向的教育，覆盖了国民经济的各个领域。此外，基于整体格局进行了高等教育层面上的人才培养，每年超过 90% 的高职院校毕业生顺利就业。

中等职业教育毕业生从银行获得小额信贷用于创业，他们的伙伴关系是在教育机构和雇主之间建立的，但是应根据社会伙伴关系机制提高现有经济体与中等职业教育系统合作模式的效率。

4.教育部门制订计划的理由

该部分提供了有关教育部门计划框架内活动的关键信息、战略性措施和进一步发展中的优先项目。

教育部门计划基于对当前国家教育体系现状的分析，反映出全球教育的发展趋势，其总体目标是实现人口的可持续和高质量增长。教育部门计划的指导方针按照政府提出的发展方向确定。

（1）发展和支持儿童早期教育，扩大儿童一年制短期项目及父母教育方法的覆盖网。

（2）保障学校教育的教学条件，提高教学质量。

（3）加强青年教育与就业的协调配合，按照劳动力市场需要发展中等职业教育。

（4）分析教师面临的职业挑战和教学需求，发展提高教师能力的教育项目。

（5）实现高等教育机构基础设施的现代化，加强技术支持。

（6）建立合法准则，扩充成人接受非正规教育的途径。

（7）扩大教育网络，增加农村地区乌兹别克斯坦 Barkamol Avlod（共和党儿童创意中心）国家儿童中心的基础设施。

(8)发展并维护全纳教育体系。

该部分还提供教育分部门的产出和成果信息,这些信息将应用于教育部门计划的实施过程中。

教育部门计划包括18个方向,旨在实现以下成果:

(1)学前教育旨在保证儿童身心健康,培养儿童个性,为入学做准备。

(2)教授学生基础知识,培养其独立思考及组织能力,为顺利接受中等职业教育做好准备。

(3)中等职业教育毕业生为成功就职或进入高等教育阶段做好准备。

(4)发展学生个性,为步入社会做好准备。

(5)毕业生作为高素质人才,应为科学进步、社会经济和文化发展做出贡献。

(6)成人接受非正规教育,根据自己的需要和兴趣学习知识和技能。

(7)为儿童和青少年创造机会,帮助他们在业余时间发展自己的兴趣爱好。

(8)根据有特殊教育需求的儿童和青少年的具体要求和天赋,给予他们充分接受教育的机会。

5.教育部门计划的监测和评价

该部分讲述了监测教育部门计划的机构以及执行的具体内容,形成一个三级系统,以分析和追踪教育部门计划的执行过程。该系统由以下三级组成:负责实施教育部门计划活动的责任方;地区、区域和国家监测机构;当地教育集团。

监测的重点是一个更高层次的复合指标,它反映了整个继续教育体系战略性进展的初始条件和目标指标,特别是每种教育类型的指标。设想将初始条件和目标指标结合起来,为教育部门计划的发展动态提供最全面的图景。

6.财政和审查支出预算

该部分内容包括基于教育部门计划中指出的现状(初始信息)和战略性目标的数据而进行的财务模拟(建模)、数据处理等信息。

模拟结果表明,在教育部门计划实施的整个过程中,学龄以下(3~6岁)的儿童人数将不断增加。7~18岁的目标群体人数预计会大幅减少,这将导致普通教育学校和中等职业教育机构的学生数量减少,同时影响到接受高等教育学生的数量。再培训教育机构基础设施的现代化、教师技能的提升以及远程教育的发展将使参加培训课程的年平均学生人数增加。根据相关预测,参加非正规教育课程的成人人数将显著增加。

校外教育计划覆盖的儿童人数将大幅增加,从而使7~18岁的参与人数比例由7%增加到11%。

(二)方法

教育部门计划从2012年7月开始实施,利益相关方和发展伙伴全程参与对教育部门情况的分析。使用的数据主要有两种来源,即发展伙伴的文件和会议内容。基于与不同关键人员的深入磋商,如公共教育部、高等和中等职业教育部、劳动和社会保障部、卫生部、经济部和财政部的政府官员,当地教育集团负责教育部门计划的发展和支持工作。

此外,磋商对象还包括乌兹别克斯坦教育部门其他组织的代表、其他发展伙伴、社会团体和非政府组织的代表。实施教育部门计划一直被视为所有利益相关者的共同倡议。

教育部门计划的制订采用了参与式的方法,例如,焦点小组访谈及深入所有教育分部门的工作组,这些小组反复讨论以指明乌兹别克斯坦教育部门未来的发展方向。为了在一个问题上获得不同的观点,需从战略性和操作性两个层面进行考量。文件的来源包括由政府任命的工作组讨论而产生的各类公共文件和资料以及以前的研究报告。

各教育分部门工作组的主要目标是制定教育部门产出成果的总体框架,重点是未来三年的框架。在与当地教育集团举行的为期一天的研讨会上介绍并进一步讨论新出现的相互关联的框架,在为期三天的教育部门计划发展研讨会上进一步完善,重点是通过教育部门计划及其实施规划,包括全面的监测和评估方法。

二、乌兹别克斯坦社会经济

(一)宏观经济草图

1991 年国家独立后,乌兹别克斯坦政府选择了逐步或"平缓"转变的经济政策,而苏联解体产生的其他许多国家采取了比较粗暴的方式。乌兹别克斯坦的选择避免了一些惨痛后果的发生,例如公共预算的迅速下降以及分配给社会的预算的大幅度下降。因此,乌兹别克斯坦的教育预算比许多邻国好得多。

乌兹别克斯坦独立后,国内生产总值下降,随后逐渐恢复,20 世纪 90 年代末达到了较高的水平。21 世纪初,经济增长率提高。2000—2003 年,经济增长率平均每年达到 4.0%,2004 年经济增长率上升到 7.4%,且至今经济增长率从未低于 7.0%,2007 年甚至达到史无前例的 9.5%。2008 年的世界经济危机略微影响了这一进程,但是按照国际标准,经济增长的速度仍然保持在非常高的水平。人们将 2007 年经济的快速增长归因于乌兹别克斯坦丰富的大宗商品国际市场价格的变化,这些商品在乌兹别克斯坦的出口中发挥着重要的作用,比如不含铁的金属(如黄金和铜)、天然气和棉花。危机过后,一些大宗商品价格下跌,全球需求下降,导致经济增长迅速下滑。然而,世界经济危机对其影响相对有限的事实也表明,推动乌兹别克斯坦经济增长的是国家的内部力量。

乌兹别克斯坦 GDP 增长率见表 1。

表 1 乌兹别克斯坦 GDP 增长率

年份(年)	2000	2001	2002	2003	2004	2005	2006	2007	2008	2009	2010
增长率(%)	3.8	4.2	4.0	4.2	7.4	7.0	7.5	9.5	9.0	8.1	8.5

世界经济危机的一个严重后果是对汇兑产生影响。乌兹别克斯坦有大量的青壮年已经前往国外寻找工作,主要集中在俄罗斯和哈萨克斯坦,这些人将工资收入通过汇款方式寄给家里,而这些汇款数额将计算到国民总收入当中。据估计,在危机爆发前,这些汇款金额约占国民总收入的15%,相当于农业部门的总产量占国民生产总值的比例。自金融危机爆发以来,一些在外务工人员失去了工作,回到了乌兹别克斯坦,但是这并不意味着对国民总收入产生影响,因为这些人员可能已经在乌兹别克斯坦找到了新的工作。

2010年,乌兹别克斯坦按照阿特拉斯方法计算,人均国民收入(表2)为1280美元。

表2 人均国民总收入

年份(年)	2004	2005	2006	2007	2008	2009	2010
人均国民收入(美元)	460	530	600	730	890	1090	1280

上述估算并不能正确反映乌兹别克斯坦人均收入的实际购买力,因为乌兹别克斯坦现有的商品和服务价格并不等同于世界其他地方的价格。按照阿特拉斯方法计算,在乌兹别克斯坦,美元的购买力是与美国相同的,但是实际上100美元能在乌兹别克斯坦购买更多的货物和服务,例如,在乌兹别克斯坦购买或租赁房屋就便宜得多。

为了从阿特拉斯方法转变为购买力平价法(PPP),必须依靠一种系数来比较乌兹别克斯坦和美国的货物与服务价格,该系数需定期计算。2003年的系数值为3.93,2010年为2.43,这意味着2003年美国的平均价格是乌兹别克斯坦的3.93倍,而2010年仅为2.43倍。实际上,当发展中国家与发达国家的差距缩小时,价格正逐步呈现相同趋势。2010年,乌兹别克斯坦的人均国民收入(购买力平价法)为3110美元。在过去的18年中,人均国民收入(购买力平价法)在2010年的3110美元与1994年的1190美元之间波动,见表3。

表3 以阿特拉斯方法和购买力平价法估算的人均国民收入

年份(年)	2003	2004	2005	2006	2007	2008	2009	2010
人均国民收入(阿特拉斯方法)(美元)	420	460	530	600	730	890	1090	1280
人均国民收入(购买力平价法)(美元)	1650	1820	2000	2180	2440	2630	2870	3110
PPP系数	3.93	3.96	3.77	3.63	3.34	2.96	2.63	2.43

国内生产总值平减指数见表4。

表4 国内生产总值平减指数

年份(年)	2003	2004	2005	2006	2007	2008	2009	2010
国内生产总值平减指数	26.8	15.9	21.4	23.5	21.9	26.8	17.3	16.5

乌兹别克斯坦的宏观经济形势在对外贸易平衡方面（出口总值与进口总值的差额，乌兹别克斯坦持续保持贸易顺差）呈现良好态势。

（二）人口特征

苏联解体后，其产生的大多数国家（包括俄罗斯在内）的生育率急剧下降，人口呈现负增长趋势，但是乌兹别克斯坦的人口情况却不同，其人口总数显著增加，且人口数量呈持续增长趋势，见表 5。

表 5 乌兹别克斯坦人口（年初统计）

年份（年）	2000	2001	2002	2003	2004	2005	2006	2007	2008	2009	2010	2011	2012
人口（百万）	24.488	24.813	25.116	25.428	25.707	26.021	26.313	26.664	27.072	27.533	28.001	29.123	29.555

当前人口数量的增长并不是因为新生儿数量的增长，而主要与人口寿命的延长有关（死亡率下降）。

乌兹别克斯坦出生率见表 6。

表 6 乌兹别克斯坦出生率

年份（年）	2000	2001	2002	2003	2004	2005	2006	2007	2008	2009	2010	2011	2012
出生率（‰）	21.3	20.5	21.0	19.8	20.8	20.3	20.9	22.6	23.6	23.4	22.0	21.2	21.0

这些变化对学龄人口规模的发展产生了影响。从 2001 年到 2007 年，3～17 岁的儿童（学前至中等教育阶段的适龄儿童）总数逐渐减少。2002 年的下降幅度为 0.25%，2004 年下降幅度达到了 1.27%，2007 年，下降幅度一直在 1.5% 上下波动，2001—2007 年的累计下降幅度达到了 6.91%。2007—2011 年累计下降幅度已缩小到 3.54%，这可能是政治局面开始趋于稳定的表现，特别是 3～6 岁儿童人数再次增加。

学龄前儿童和学龄儿童的数量见表 7。

表 7 学龄前儿童和学龄儿童的数量（千人）

年龄（岁）	年份（年）								
	2001	2002	2003	2004	2005	2006	2007 ⋯⋯ 2011		2012
3～5	1851.6	1736.8	1648.8	1573.6	1536.7	1526.9	1511.0	1677.1	1788.5
6～7	1275.9	1272.3	1260.1	1196.9	1115.7	1056.5	1034.2	1033.1	1056.4
8～15	5148.1	5173.7	5152.9	5150.5	5123.2	5079.6	4963.0	4466.6	4311.2
16～17	1119.5	1189.2	1246.5	1269.5	1264.1	1243.2	1256.1	1276.8	1274.7
总计	9395.1	9372.0	9308.3	9190.5	9039.7	8906.2	8764.3	8453.6	8430.8
增长率（%）		-0.25	-0.68	-1.27	-1.64	-1.48	-1.59	-3.54	-0.27

2001—2007 年，普通教育学校中适龄儿童的入学率在 96.40%～98.15% 变化，小学生的数量和学龄儿童的数量都逐渐减少，见表 8。

表 8　　7～15 岁的儿童数量、普通教育学校的入学总人数、该年龄段的总入学率

指标	学年						
	2001	2002	2003	2004	2005	2006	2007
7～15 岁的儿童数量（千人）	5798.2	5798.6	5799.3	5763.0	5706.5	5611.0	5487.6
普通教育学校的入学总人数（千人）	5645.0	5691.6	5675.1	5613.2	5545.9	5443.0	5290.1
总入学率（%）	97.36	98.15	97.86	97.40	97.19	97.00	96.40

（三）就业

2001—2012 年的就业增长率从 36.6% 上升到 41.1%，主要原因是女性参加了工作，女性就业率由 2001 年的 44% 上升至 2011 年的 48%。

职业院校和高等教育机构毕业生的失业率在 1.2%～4.0% 波动，按国际标准衡量，失业率是很低的。

在市场经济中，对未来所需资质种类的预测是极其困难的。现代经济的特征是永久性的技术变革，而就业市场的需求也在不断变化，企业不能预测可以创造多少新的工作岗位。因此过去 30 年来，职业院校毕业的学生数量逐渐降低，影响了教育的发展。

（四）公共财政管理

国家预算分为国家支出和额外预算支出。额外预算支出包括各种各样的项目，其中最重要的是养老基金。额外预算支出约占 GDP 的 10%，其中三分之二与养老基金有关，其他重要的项目是教育基金和道路基金。

如果把额外预算支出排除在外，1995—2003 年的国家预算呈现逐步减少趋势，稳定在 GDP 的 30% 左右（1995 年为 GDP 的 38.1%），其原因是在经济政策转变的过程中，国家逐步减少了对经济管理的参与。财政收入也出现了类似的下降，但没有国家预算支出下降得多，因此仍有剩余。2000 年时盈余还较少，但近几年盈余逐渐增多，达到 GDP 的 5% 左右。

国家收入和支出占 GDP 的比例见表 9。

表 9　　　　国家收入和支出占 GDP 的比例

年份（年）	2004	2005	2006	2007	2008	2009	2010	2011
收入占比（%）	32.2	30.8	34.4	35.6	40.7	36.7	40.6	42.3
支出占比（%）	31.6	29.5	29.2	30.3	30.0	33.6	34.5	35.2

乌兹别克斯坦 2011 年的财政盈余很少,相当于 GDP 的 0.4%,强劲的经济增长带来的更高收入弥补了基础设施和社会支出增加以及个人所得税降低一个百分点带来的损失。

当前,乌兹别克斯坦的宏观经济正稳固而健康地发展。在某些领域,加强与其他在该领域已经发展成熟的国家的合作会产生良好的效益。世界进入了一个新的时代,即"知识社会"时代。在很多方面,知识是共享的。

三、现行教育体系分析

(一)概述

国家教育体系的具体特点是终身教育,每个人都有终身获得知识、提高专业技能和获取工作的机会。

继续教育制度是基于国家教育标准、根据各级成功的教育项目而制定的,由学前教育、普通教育、中等职业教育、高等教育、研究生教育、个人技能提升与再培训、校外教育等教育形式组成。

学前教育旨在保护儿童身心健康,培养儿童的个性,同时为儿童接受初等教育做准备。由政府或非政府幼儿园以及家庭,面向 6 岁以下的儿童提供学前教育。

普通教育是指强制性九年国家义务教育,包括初等教育(适合 1～4 年级 7～10 岁的儿童)和普通中等教育(适合 5～9 年级 11～15 岁的儿童)。初等教育的目的是识字、学会基础知识和基本技能,这些是接受普通中等教育的必要条件。普通中等教育的目的是获取必备的知识,培养独立的思维能力、组织能力、实践经验,有利于初步的专业定位和下一个层次教育的选择。

中等职业教育是指为已经完成九年普通教育的 16～18 岁学生提供的为期三年的强制性职业教育。中等职业教育机构有学术学院和职业院校,由学生自主选择。在学术学院中,学生有机会提高他们所选专业的知识水平,并形成具体的专业技能,为他们深入研究该学科打下良好基础,使其能够在特定的高等教育机构继续接受教育。职业院校促进专业人才、学生技能的进一步发展,并教授其所选职业的一个或多个专业的知识。职业院校毕业的学生同样可以进入高等教育机构学习。

高等教育为高素质人才提供培训。大学、学术机构、研究机构和其他高等教育机构开展高等教育培训。高等教育机构招收具有中等职业教育学位的学生。高等教育由两个阶段组成:本科阶段和研究生阶段。本科阶段是基础高等教育,为学生讲授个人专业方向的基础知识,学制不少于 4 年。研究生阶段是有特定专业的高等教育,本科学业完成后进入研究生阶段,学制不少于 2 年。

研究生教育的目的是满足社会对具有高学历的科学和教学人员的需要。自 2013 年 1 月 1 日起,研究生教育由原来的两年制改为单一等级答辩制和授予科学博士学位。此外,研究生教育还可以在高等教育机构和智库中获得。

个人提升技能与再培训旨在使专家的专业知识和技能得到更新和深化。技能提升的方式包括在专业教育机构进行提升技能的学习、在基础教育机构学习、向导师学习、在工厂实习、在研究机构实习、在外国实习和自我教育等。

校外教育旨在为儿童和青少年的个人教育和发展需求提供服务,合理安排其课余时间。从制度上来说,校外教育由乌兹别克斯坦 Barkamol Avlod、少年儿童体育学校、音乐艺术学校、工作室、图书馆等机构提供。

教育系统功能和制度方面的责任由两个部门共同承担,即公共教育部、高等和中等职业教育部。公共教育部在学前教育、普通教育、校外教育、高等师范教育以及教师技能提高等领域负责国家政策的实施。高等和中等职业教育部在高等教育领域负责国家政策的实施(不包括高等教育机构的附属单位),隶属该教育部的中等职业教育中心负责保障中等职业教育领域国家政策的落实。

在各阶段教育中,官方统计的学生占同一年龄段人口总数的比例高于其他中等收入国家(根据世界银行的分类,2010 年)。该比例有时会接近经济合作与发展合组织成员国的比例。教育支出占国内生产总值的 10%,按国际标准来看,保持在较高水平。与国家预算相比,分配给教育的资金比例达到了 37%,使得公共教育部、高等和中等职业教育部能够为国家制定目标远大的教育政策。

(二)教育体系的立法基础

教育体系的法律法规是根据乌兹别克斯坦宪法制定的。宪法第四十一条规定,每个人都有受教育的权利,国家提供免费的普通教育,学校由政府监管。

1997 年 8 月 29 日通过的乌兹别克斯坦教育法体现了宪法中规定的具体条款。根据教育法规定,发展教育是国家公共发展领域的优先事项。该法明确了公民接受教育和职业培训的法律依据,旨在保障宪法规定的个人受教育的权利。

1997 年 8 月 29 日,乌兹别克斯坦政府批准了国家人才培养项目(NPPT),其中包括国家教育政策的基本原则、国家教育政策的目标、个人发展方向、培育和谐发展的一代人等内容。该计划设想实现国家人才培养模式,创造人才和谐发展所需的社会经济、法律、心理和教育等必要条件,使人才能够适应不断变化的现代社会,有意识地选择和进一步决定其教育和职业规划;使其了解自身的公民责任,以及他们对政府和家庭的责任。该项目确定了教育体系现代化的优先发展方向,并为此设定了实施的阶段。

乌兹别克斯坦的立法是基于国际规范和原则,为保障个人权利和自由而建立的,此外也把以下国际法律文件作为立法依据:关于儿童权利的公约、反对教育歧视公约、消除一切形式种族歧视的国际公约、保障少数民族权利的公约、消除一切形式歧视妇女的公约等。

国际准则、规则和建议的实施情况体现在乌兹别克斯坦宪法、乌兹别克斯坦共育法、国家人才培养计划、乌兹别克斯坦儿童权利保障法一些地方法律中。

与教育制度没有直接关系，但规定有特殊需要儿童所需教育条件的立法文件应另行说明，包括《乌兹别克斯坦儿童权利保障法》《乌兹别克斯坦国家语言法》《乌兹别克斯坦残疾人社会保障法》。

《乌兹别克斯坦儿童权利保障法》规定儿童有接受教育的权利，确保儿童接受免费强制性的普通教育以及中等职业教育。《乌兹别克斯坦儿童权利保障法》是保障儿童权利领域内的重要文件，尤其是保障了社会弱势儿童的权利。具体情况如下：

教育、医疗保健和文化启蒙机构应为身心障碍儿童开辟绿色通道。

在国家全力支持的基础上，为无父母或无其他监护人的儿童提供教学服务。

国家提供必要的资金，并采取措施，确保对社会弱势儿童的特定教育达到现有的教育标准和要求。

身心障碍儿童有接受教育的权利以及有在为其发展专设的教育机构成长，并保障其接受符合身心发展需要及意愿的教育的权利。

身心障碍儿童的父母有权根据儿童的自身情况和医学教育专业委员会的建议选择教育机构（常规的或专门的）。

按照《乌兹别克斯坦国家语言法》的规定，少数民族居住区域的教育，由以少数民族语言为母语的学前教育机构提供。法律还规定，除了国家官方语言，也可以用其他语言接受普通教育、中等职业教育和高等教育。

《乌兹别克斯坦残疾人社会保障法》不仅规定了残疾人的社会保障问题，也规定了与残疾人的教育和专业培训有关的问题。残疾人社会保障的优先政策之一是"为残疾儿童提供学前教育和校外教育，对残疾人进行专业培训，确保其接受普通教育、中等职业教育和高等教育"。

学前教育机构提供学前教育。如果残疾儿童的健康状况不允许其到学前教育机构接受教育，则在专门的教育机构包括寄宿学校接受学前教育。

在专门的教育机构，普通教育、中等职业教育和高等教育是由所有教育机构提供的。残疾儿童在保健医院或康复机构接受治疗期间，这些机构应该提供单独的课程。

根据个人康复计划，由教育机构包括专门教育机构提供残疾人专业培训和技能提升课程。

继续教育体系的构成基于政府决议，包括总统的法令、决议和命令，内阁的决议和命令，协调部门的决议和命令，以及财政部和经济部的决议和命令。

教育机构的运作有以下规定：

（1）教育组织规定（按类型）。

（2）国家标准和国家要求（按教育类型划分）的维持以及质量要求。

（3）管理人员和教学人员的资格特点和认证程序。

（4）儿童和青少年入学手续（按教育机构类别划分）及完成教育后的证明文件。

乌兹别克斯坦内阁决议批准的文件规定了改进分部门或其他个别部门活动的措施。下列方案可作为此类方案的案例：

(1)关于教育机构的建设、重建和全面改革。

(2)为教育机构配备配套设施、现代实验室设备、计算机和体育用品。

(3)开发、出版和向学生提供学习文献。

(4)关于教育机构配备教学人员的问题。

(5)教师培训体系完善与技能提升。

(三)目前的计划及其实施

这一部分介绍了继续教育体系中每个教育分部门的主要特点,这些分部门分别是学前教育、普通教育(1～9年级)、中等职业教育(10～12年级)、教师培训和再培训、高等教育、成人教育、校外教育、有特殊需求儿童的教育。

1. 学前教育

学前教育是继续教育体系的初始环节,由4962个公立及145个私立学前教育机构提供。学前教育机构(公立和私立)为55.396万儿童提供教育,这些儿童占3～6岁儿童总数的23.3%。世界银行开展的一项研究显示,与相关国家相比,乌兹别克斯坦儿童早期教育的准入水平较低。

除了传统的学前教育形式之外,其他非传统形式的学前教育也正在开展,包括儿童早期发展中心、星期日学校、短期留校小组和社区中心小组。

大约有50%的乌兹别克斯坦人生活在农村(包括偏远地区)。这些地区的大部分年轻人与父母(男方父母)住在一起,通常这些家庭的儿童在一年级之前都在家里接受教育。因此,家庭教育被认为是乌兹别克斯坦学前教育的重要组成部分。接受非传统形式学前教育的儿童数量见表10。

表 10   接受非传统形式学前教育的儿童数量

指标	短期留校小组	儿童早期发展中心	星期日学校	校外教育机构小组	社区中心小组	家庭教育
小组数量(个)	938	444	1123	48	43	57
儿童数量(人)	15508	7840	21207	1039	120	196

然而非传统形式学前教育的发展受到以下因素的制约:法律基础不健全,标准要求和课程缺乏规定,教学人员的工作模式不固定,以及学生日出勤率低等。

就性别平等而言,参加学前教育机构的儿童的性别比例相对持平,且在学龄前教育中,城市和农村地区接受教育的儿童性别比例也几乎没有差别。

在过去七年中,虽然学前教育的拨款比例稳步增大,但教育部门总预算的比例(表11)却逐渐减少。

表 11 学前教育预算占教育部门总预算的比例

年份（年）	2005	2006	2007	2008	2009	2010	2011
教育部门预算总计（百万索姆）	991.3	1301.1	1726.7	2469.1	3332.7	4464.1	5582.9
学前教育预算（百万索姆）	142.9	170.9	218.7	279.3	361.1	464.3	569.7
预算比例（%）	14.4	13.1	12.7	11.3	10.8	10.4	10.2

教育部门的艰巨任务之一是需要明确规定幼儿保育和教育标准的具体参数，特别是学前教育。在这方面，联合国儿童基金会为早期学习与发展标准的制定提供了技术支持。被称为"国家学龄前计划"的国家学前教育项目的概念取代了以前的课程。"国家学龄前计划"作为课程，随后被公共教育部批准为学前教育的国家方案，用来教育学龄前儿童。"国家学龄前计划"从 2011—2012 学年开始在所有的学前教育课程中使用。同样，此教育大纲也被引入师资培训体系。在"国家学龄前计划"的基础上，公共教育部计划进一步发展和执行多样化的教育课程，以补充现有课程。

加强家长对学前教育的参与度也是很重要的。世界银行最近（2012 年）的一项研究表明，家长对教育质量的评判主要是通过对教师资质的评估，而更多合格的教师往往被分配给城市，而不是农村地区。同样，家长对教育质量的看法也受到学校基础设施状况的影响，只有 35% 的学校被家长视为"设备齐全"的学校。

在提供高质量学前教育的同时，还需要处理公平入学（特别是在城乡社区之间存在较大差异）和融资等问题。

解决没有接受学前教育和普通教育的儿童的教育问题仍然是一个挑战。在这种情况下，父母必须改变自己的立场，成为积极的促进者，而不是旁观者。这反过来要求为家长提供专门的学习文献和方法指南。学前教育的替代形式，特别是一年制筹备小组将发挥关键作用，为实现教育机会平等创造必要条件。

2. 普通教育

普通教育的年限为 9 年，是继续教育体系的国家义务教育阶段。它包括 7～10 岁学生的初等教育（1～4 年级）以及 11～15 岁学生的中等教育（5～9 年级）两个阶段。初等教育和中等教育在组织和教学内容上相互联系。每个学校都提供初等教育和中等教育。中等教育是初等教育逻辑上的延续，保证了普通教育制度的连续性。

与其他国家的毕业生不同，乌兹别克斯坦普通教育机构的毕业生不接受专业或职前培训。完成九年制国家义务教育后，学生继续在中等职业教育机构接受教育，丰富他们的学术知识并取得相应的专业资质。

乌兹别克斯坦普通教育的学生入学率相当高。据国家统计局统计，2000—2011年，普通教育机构的学龄儿童（7～15 岁）总入学率为 98%～99%，且该比例在此区间保持稳定。普通教育的高入学率不仅与免费教育有关，而且与学校数量充足及教育资源配置合理有一定关系。乌兹别克斯坦普通教育学校共有 9765 所,其中市区 2459 所,农村 7306 所(包括偏远地区 617 所)。

乌兹别克斯坦宪法保障了教育体系中的两性平等。根据 1997 年通过的乌兹别克斯坦教育法的规定,男女享有平等的受教育权和职业选择权。初等和中等教育是国家义务教育,不存在性别不平等现象。2012 年普通教育学校的注册学生人数为 4464018 人,其中女生占 48.4%。

2012—2013 学年,在普通教育学校工作的教师共有 41.07 万人,其中大多数是女性(占 71.1%)。一项性别统计研究(2012 年)显示,女性在学校管理者中所占的比例正在增大。2010—2011 学年开始时,女性在普通教育学校校长及副校长中所占比例为 55.7%。与 2007—2008 学年相比,该比例显著增大,当时女性仅占 38.1%。

2004—2009 年,政府对 8501 所普通教育学校的建设和改造工程进行了投资,其中 84.4% 的学校坐落于农村(包括偏远地区)。

建设、改造和全面改革的学校数量见表 12。

表 12　　　　　　　　　　建设、改造和全面改革的学校数量

年份(年)	2004	2005	2006	2007	2008	2009	2010	2011	2012
学校数量(所)	636	1101	1330	1615	1861	1958	14	272	363

基础设施投资的重点是普通教育学校实验室的配备,特别是物理、化学、生物和计算机实验室。总的来说,物理实验室的数量已经达到了 9875 个(比 2004 年增加了 71.5%),化学实验室 9487 个(增加了 68.5%),生物实验室 9390 个(增加了 68.5%),计算机实验室 7584 个(增加了 76%)。

为学校配备了信息与通信技术学科所需的各种电子材料(119 份)、虚拟实验室(40 个单位)以及公共教育部多媒体教育项目发展中心开发的其他多媒体资源(113份),各区域共建立信息资源中心 1074 个。

除了营造一个实用健康的学习环境和给学校配备现代化教育设备外,乌兹别克斯坦政府强调加强教师和教育管理人员的专业素质,培养学生独立思考的能力。这也表明政府希望继续开展以学生为中心的教学活动,使学生成为教学活动的中心。

3. 中等职业教育

中等职业教育是继续教育体系内的一个独立类型。根据乌兹别克斯坦教育法的规定,在两类教育机构(学术学院和职业院校)中提供为期三年的强制性中等职业教育。高等和中等职业教育部下属的中等职业教育中心作为国家协调机构,向有关教育机构提供援助。

尽管中等职业教育是义务的,普通教育学校的毕业生仍有权利自由选择他们想要继续接受教育的机构——学术学院或职业院校。学术学院可以增加个人在所选领域内

的知识储备,为在高等教育机构学习做准备。职业院校可以丰富个人在所选领域内的知识,为在高等教育机构学习做准备,还可以强化其职业教育,为就业打基础。中等职业教育的内容包括国家教育标准规定的以下几个部分:

(1)学术学院和职业院校通用课程(本科层次的继续教育的基础)。

(2)深化面向教育学科和领域的课程。

(3)职业院校的职业规划。

课程有各种形式和种类,包括学生组织的个人工作,有一些学分是为选修课和核心科目分配的。

职业院校的人才培养要考虑用人单位对专业人才需求的不断变化。根据官方分类,在中等职业教育中,教育机构为 8 个方向的 225 个专业培养人才,包括 578 个细分专业。中等职业教育侧重于工程、艺术和人文学科,指出了对初级人才的资质要求(职业院校毕业生)。

目前,中等职业教育是建立在教育机构网基础上的,充分保障了毕业生进入职业教育阶段的水平。中等职业教育系统由 143 个学术学院和 1408 个职业院校组成,学生人数达到了 171 万,教师人数达到了 11.4 万。其中 95.5% 的教师拥有高等教育学位,其余 4.5% 具有中等职业教育学历。

在职业院校中,学生性别基本平衡,但学生专业的分布存在严重不平衡现象。女生倾向于教育专业、医疗保险、体育文化与运动。男生倾向于运输和通信领域、制造业和建筑业,以及农业。学术学院中存在性别不平衡的现象,其中女生比例为 40.5%,男生比例为 59.5%。Orasta Qizlar 集团向女生提供精神、政治和美学教育,旨在开发女生的天赋及培养女生的兴趣,促进实现专业间的性别平衡。

职业院校学生的实习培训在签署三方(学生、学院、用人单位)协议的基础上进行,该协议于入学后的第二年签署。实习培训是与潜在用人单位建立联系的关键一步,招聘会是毕业生选择未来工作单位的一个机会。

2012 年共有 88.4% 的职业学院学生就业,其中 45.9% 的人在其所选领域或相近领域就业,2.4% 的毕业生进入高等教育机构。

投资项目有助于为教育机构配备现代化的实验室设备和提高学习的技术手段。特别是为 232 所学院和大学提供了一般学科培训用的实验室设备;为 208 所高职院校配备了专题教室;为大学和学院采购了计算机实验室、专用图书馆设备和运动装备。

学校收集同年毕业生就业情况的数据,到目前为止还没有建立对毕业一年的毕业生进一步监测的机制。

根据国家统计局提供的信息,1998—2012 年中等职业教育系统中教育机构的数量已经从 35 个增长到 1551 个。2011 年,建设和重建学术学院的总投资达到 319 亿索姆,外国投资达到 2210 万美元。

中等职业教育体系的关键挑战包括招收合格的教学人员,能够根据劳动力市场的需求培养学生。

　　教育体系与用人单位的合作应转变为协商对话的形式,取代现行的向高职院校输送合格毕业生的制度和经济适用型合格毕业生订单制度。

4.教师培训和再培训

　　(1)概述

　　乌兹别克斯坦有一套良好的培训、再培训和教学人员技能提升的培训系统,为国内所有类型的教育发展提供培训服务。全国各地区的高等教育机构和师范院校,以及再培训和教学人员技能提升机构发挥着重要的作用。

　　按照国家高等教育标准和课程要求,对学前教育学校、普通教育学校、学术学院、职业院校的教师和技术人员进行培训。另外,师范院校为幼儿园的教育工作者和音乐管理人员教授课程,也为校外教育提供辅导教师。

　　普通教育学校的教师和学术学院以及职业院校的学科教师都在教育机构和大学中进行培训。特殊学科教师培训以及职业院校的技术、教学人员培训是在高等教育机构的专业部门(技术、工业、农业、经济、医疗等)进行的。

　　根据公共教育部的要求,对学前教育学校和普通教育学校的教学人员进行培训。高等和中等职业教育部下属的中等职业教育中心确定了为学术学院和职业院校培养教学和技术人员的要求及定性和定量指标。

　　乌兹别克斯坦高等和中等职业教育部负责全面管理、指导教学和技术人员培训制度的改进方式和方法,提供培训、再培训和技能改进的专门高等教育机构名单以及协调活动,不论其隶属关系如何。

　　在2010—2011学年,高等教育机构52.9%的学生以及职业院校10.5%的学生接受了教育学专业的培训。根据国家统计局的统计,2006—2011年高等教育机构的教育学专业学生人数从158032人下降到145190人。同时,高等教育机构的申请人数从198693人增加到240064人,其中33956人(2006—2007学年)和32410人(2010—2011学年)被录取。同一时期,具备教育相关专业的职业院校数量增加了78%(由59所增加到105所),但是这些领域的学生人数只增加了15%(学习教育学专业的学生人数从133000人增加到153000人)。

　　2001年内阁部长决议通过了截至2010年对中等职业教育体系中的合格教学和技术人员进行重新定位和进一步培训的项目方案。该项目旨在通过改善服务机构的基础设施,发展远程教育系统以及与行业的密切合作,提高中等职业教育工作人员的整体素质和专业水平。

　　2006年通过的关于进一步发展教师队伍再培训制度的内阁决议,建立了对在职教师培训的要求和对培训结果的监督之间的反馈机制,同时还定义了现代教师应具备的技能。乌兹别克斯坦总统决议《关于进一步完善中等职业教育人才培养和人员配备制度的措施》中,对职业院校和学术学院的选拔和人员配备制度进行了重大改进,这些人员拥有现代教学和信息通信技术领域的知识和技能。政府出台了关于如何进一步改进高等教育机构教学人员的再培训及技能提升体系,以及如何进一步改进中等职业教育机构行政和教学人员的再培训及技能提升体系的决议,其目的是提高该领域专家的专业水平和教学技能。

教学人员的技能提升和再培训,是在大学、学院、专科院校以及再培训和技能提升机构进行的。教师资格或等级的提高会使他们的工资上涨。为了达到这一目的,教师每三年接受一次上述机构的培训。课程的持续时间最长可达四周。在学习信息传播的现代信息通信技术和技能提升的特殊虚拟课程时,可根据"2+2"或"3+1"计划,分段地培训教学人员(50%或75%的课程由学生在住处独立完成,剩下的50%或25%课程直接在教育机构完成)。同时,总统基金会和教育学院支持再培训和提高教育机构教学人员及行政人员的技能。

(2)再培训和技能提升体系的结构和内容

以下机构负责教学人员技能提升体系的运作:

①内阁部长下属的国家考试中心负责监督培训质量和教师工作评估(认证)。

②国家、区域和城市各级的教育行政体系明确教育机构对教师的需求,并为其配备所需的师资队伍。

③再培训和技能提升机构以及基金会为继续教育体系中的教师和行政人员提供培训。

学前教育课程、方案和有关方法的文献资料是由为学前教育教师进行在职培训的公共学习方法中心制定的,该中心还培训负责人、方法论专家和幼儿园教学人员。

培训在职教学人员的国家研究院(14所)对普通教育学校的教师和校外教育机构的教学人员进行直接培训:制订差异化的课程和教学计划,旨在激发教师的批判性和创造性思维及自我教育能力。国家研究院还将互动方法引入教学过程,充分利用网络教学和信息技术。

有953名教师在中央和地区机构工作,其中包括464名女性(占48.7%)。每年为9万名教师进行培训,占教师总数的22%。五个地区的师资培训机构使用远程教育系统,满足了部分教师技能提升的需求(2012年)。在教学人员的在职培训中,将扩大远程教育的使用范围。

根据教育部门的命令,在职培训的教学计划和课程每3~5年就会更新一次。

技能提升培训涵盖了教育学和心理学的基础知识,包括熟练教学方法、个别的学校课题、创新教学和信息技术的使用,以及当前的紧迫课题。培训持续一个月(24天,144小时,外加5小时的远程教育准备工作)。144个小时中,有64个小时是对某一课题和相应的方法进行培训。

对学校负责人的培训基于类似的课程安排,包括34个小时的学校管理培训,以及10个小时的经济问题培训。为期四周的培训结束后,参与者要参加考试。2006年理论与实践结合取代了之前的纯理论课程体系,实践内容包括参观核心(示范)幼儿园和普通教育学校。

地方教育部门作为委托人,为教学人员订购在职培训服务,并组成一支学生队伍,对教师培训结束后的工作过程进行监督,但监督过程尚未系统化,也没有一套评价在职培训效率的指标。

13 所州立大学对学术学院和职业院校普通学科的在职教师进行培训。职业院校特殊学科的教师在与行业相关的高等教育机构进行培训。这些机构每年可以为超过 1.5 万名教学和技术人员提供在职培训。

中等职业教育在职培训系统的结构和功能与一般教育部门类似。由教育机构推荐教师参加在职培训,国家中等职业教育部门根据培训要求对教师进行最后的选拔。中等职业教育中心根据接收到的信息通知相关教育机构。

1997 年实行的强制性中等职业教育,使社会对教师的需求稳步增长。1998—2011 年中等职业教育的教师人数不断增加,共有 148.5 万名教师和主管人员接受了在职培训。

根据 2012 年 9 月 26 日通过的第 278 号内阁部长决议《进一步完善高等教育机构教学人员在职培训系统》,建立了 5 个区域性和 10 个部门性的在职培训中心,接着在高等教育机构建立了重要科学方法学习中心。重要科学方法学习中心组织高等教育体系内的教学与行政人员进行在职培训。

部门性的在职培训中心对高等教育机构普通学科和特殊学科的教师进行培训。区域性的在职培训中心在人文学科、自然科学、社会学和心理学、新闻学、法律、环境保护等领域开展培训。

中心还组织了关于专业技能和熟练教学的在职培训课程,以及关于教学精神的培训。目前对高等教育机构教师的在职培训主要是在英语、信息和通信技术等方面进行的。

(3)教学人员的培训、再培训和技能提升的质量

教育部于 2010 年成立工作小组,对普通教育学校的教学质量和教学人员的在职培训机构进行了评估。工作小组分析了教学工作开始前和工作一段时间后高等教育机构毕业生的专业水平,在分析结果的基础上,工作组列出以下问题:

①教学计划没有给教育学和心理学预留充足的教学时间。

②理论课和实践课不相符。

③毕业生不具备在学校进行有效教学所必需的技能。

建议普通教育学校构建教师三级教学实践体系,提高学生的实践能力及逐步胜任其职业的能力,如图 1 所示。

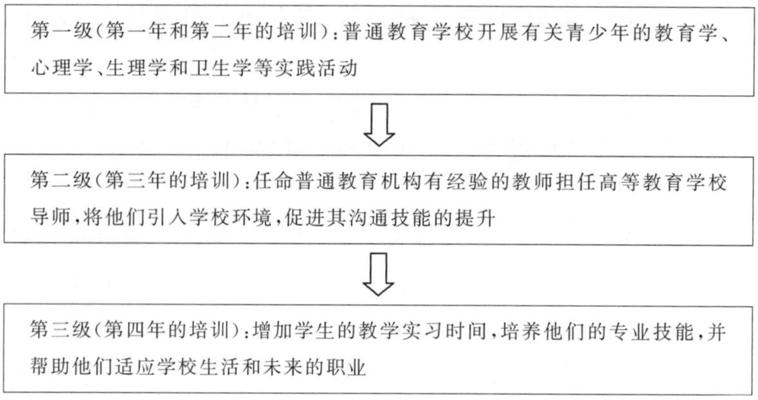

第一级（第一年和第二年的培训）：普通教育学校开展有关青少年的教育学、心理学、生理学和卫生学等实践活动

第二级（第三年的培训）：任命普通教育机构有经验的教师担任高等教育学校导师，将他们引入学校环境，促进其沟通技能的提升

第三级（第四年的培训）：增加学生的教学实习时间，培养他们的专业技能，并帮助他们适应学校生活和未来的职业

图 1　教师三级教学实践体系

在经济研究中心与联合国儿童基金会合作进行的研究中得出了类似的结论。此外，还需注意以下几点：

①教师缺乏参加在职培训体系之外的在职培训的动力。

②教师中合格人才短缺，而教师又未充分参与研究。

③高等教育机构提供的教学内容（职前培训）和在职培训的内容不能充分互补，在职培训不能充分利用职前培训所教授的知识与技巧。

当前的教师培训体系并不能保证其有能力发现学生的个性和创造力以及形成决策的能力。灵活的教师在职培训体系需要考虑教师的个人需求和兴趣。教师对自身资质的提升有兴趣，在教学实践中运用习得的技能，这不仅需要专业的在职培训教育机构，也需要丰富的教学和研究经验，有灵活运用知识的能力，从而提高教师对其职业特色的认识能力。培训和实际工作之间的反馈机制将提高教师培训的效率。

5. 高等教育

高等教育由全国 75 所教育机构提供，是学生完成为期三年的中等职业教育后继续接受的教育。大多数教育机构（43 所）位于地方，增加了中等职业教育机构的毕业生获得这类教育的机会。除了国家高等教育机构之外，还有 6 所国外大学的分支机构。

高等教育由本科教育和研究生教育两部分组成。本科教育（基础高等教育）教授学生个人专业方向的基础和可应用的知识，教育时间不少于 4 年；在本科教育完成后，学生可以接受研究生教育，教育时间为 2 年，主要学习某一特殊专业领域的基础和可应用的知识。

乌兹别克斯坦有大学（教授广泛的知识学科和培训领域课程）、学院（教授特定的知识学科和培训领域课程）、研究所（一个知识领域内的某些特定培训领域课程）等类型的高等教育机构。

学生进入高等教育机构要先进行考试。考试由内阁部长下属的国家考试中心开展，重点考查在中等职业教育阶段学习的学科知识，进入所有高等教育机构或选择任何专业都必须进行此项考试。申请者可向一所高等教育机构提交入学申请书,也可以同时申请到国外大学设在国内的分支机构学习。

高等教育机构的现有能力允许每年接纳 10% 的中等职业教育机构毕业生,其中 70% 的申请人是学术学院毕业生,30% 的申请人是职业学院毕业生。

近几年,高等教育机构录取的学生中约有一半选择了与教育有关的专业,比经济合作与发展组织国家高 2 倍。

高等教育机构在人文学科,社会、经济和法律,生产技术,农业和水利管理,医疗保健和社会保障,以及服务等 6 个领域提供教育课程。

在过去的几年里,社会科学、经济和法律专业的录取率一直没有超过 10%,导致乌兹别克斯坦高等教育机构的录取率远远低于经济合作与发展组织国家 33% 的平均水平。

2008—2012 年,每年平均约有 6 万人成为高等教育机构的学生。其结果是,受教育程度较高的经济活跃人口持续增长,这是乌兹别克斯坦可持续发展和改革创新的重要条件。目前(2012—2013 年),高等教育机构的学生人数为 25.6 万,高等教育机构的教育以国家资助和合同支付为基础。

高等教育体系内的性别平等是由宪法保障的,而教育法规定男女生有平等接受教育的权利。然而,表 13 表明男女生在高等教育机构的比例仍存在明显不平衡。

表 13　男女生在高等教育机构的数量和比例

年份(年)	2010	2011	2012	2013
男生(万人)	170.8(59.9%)	168.9(61.5%)	158.0(62.7%)	160.0(62.5%)
女生(万人)	114.5(40.1%)	105.6(38.5%)	94.1(37.3%)	95.9(37.5%)

男女生在高等教育机构不同学习领域的真实比例严重失衡。在交通、通信、工业、建筑、农业、经济和法律等领域,超过 80.7% 的学生是男性。大多数女生选择与教育相关的专业(占 52.9%)和医学专业(占 43.8%)。女生的选择受家庭传统、教育机构所在地的特殊性以及专业性等因素影响。

2013 年 3 月,乌兹别克斯坦议会的立法机构引入了一系列旨在预防早婚的法律,这可能会对增加女生在高等教育机构学习的机会产生积极的影响。为了消除这种不平衡,一些支持职业女性的项目正在实施。在高等教育体系中,共有 2.2 万名教师,其中包括 9600 名女性(43.6%)。拥有科学学位的教师队伍由 1504 名科学博士和 7132 名科学博士候选人组成。

高等教育机构通过发挥女性的创造力,促进其兴趣,使她们在精神、政治和审美方面得到发展。

培训是按照国家高等教育的标准进行的,反映了经济的需要。教育标准是通过预测未来 5 年、10 年和 15 年的需求来确定的,由政府批准。

2005—2011 年,中等职业教育的投资占整个教育部门总预算的比例从 13.6% 增加到 21.4%。与中等职业教育不同的是,高等教育的投资比例则有所下降,从 6% 降至 5.4%。

总体上,2007—2011 年,在毕业生就业安置方面出现了积极的趋势。2008 年的就业岗位数量与 2007 年相比,增长了 20%。在 2009 年和 2010 年,这一增幅分别为 3% 和 12%。在 2010—2011 年,这一增幅达到了 19%。

2007—2011 年高等教育机构毕业生就业的专业领域见表 14。

表 14 **2007—2011 年高等教育机构毕业生就业的专业领域**

专业	2007 年	2008 年	2009 年	2010 年	2011 年
工业	6462	7761	8027	9006	10749
建筑	1717	2062	2133	2393	2856
农业	3547	4260	4406	4944	5901
交通	1075	1291	1335	1498	1788
通信	557	669	692	777	927
经济	3713	4459	4612	5175	6177
法律	572	687	711	798	952
医疗保健	1966	2361	2442	2740	3270
体育	1958	2352	2432	2729	3257
教育	18825	22609	23383	26236	31315
其他	2241	2691	2783	3123	3727
总计	42633	51202	52956	59419	70919

高等教育领域出现了一系列积极的变化,乌兹别克斯坦政府强调更加灵活的课程和教学方法的必要性,这些方法侧重于培养学生独立思考的能力。

实现高等教育的目标,即培养能够对科学、社会、经济和文化发展做出贡献的高素质人才,是从中等职业教育逐渐转向高等教育的过程,实现该目标需要通过引入既满足经济需求又符合学生兴趣的课程的方式。考虑到这一点,增加了人文和社会科学领域专业的数量。只有参与国际研究,才能保证高水平的培训和教育,而这需要优秀的外语能力,从而为参与国际项目创造良好的机会。

高等教育机构的基础设施和物质技术基础远远落后于中等教育学校、学术学院及职业院校。2011 年 5 月 20 日,乌兹别克斯坦总统签署通过了《关于如何加强高等教育机构的物质和技术基础》以及《重点提升对高学历专家培训质量》的决议。

6. 成人教育

乌兹别克斯坦的立法文件中没有提到"成人教育"这一术语,也没有关于这个问题的常规统计数据。这一领域的教育仍处于初期发展阶段。

目前,乌兹别克斯坦成人教育体系的目标是终身教育。

①正式成人教育(在职业院校、高等教育机构、研究生教育机构、再培训和技能提升机构接受教育)。

②非正式成人教育(由非政府教育机构和商业组织提供的职业和普通文化培训课程,以及在国际项目实施中进行的培训)。

非正规教育不向单一、系统的组织机构报告。

劳动和社会保障部下属的 150 个培训中心,对 100 个专业进行培训。课程培训时间为 6～12 个月,男女学员都可参加,其中男女比例为 6：4。这些培训课程是免费提供的,且培训期间提供所有必需品。

劳动和社会保障部和社会保障中心,与高等和中等职业教育部的 217 所职业院校合作,培训及再培训失业的新型职业公民,培训时间为 1～3 个月,培训是免费的。此外,劳动和社会保障部职业培训中心对失业人员进行职业培训、再培训及高级培训,培训中心在塔什干市运作。

商会组织了有关管理、自我提升、物流、金融基础和市场营销战略等方面的专业培训课程,这类课程的持续时间为 2～5 天。

为了支持教育体系和培训参与活动的人员,商会联合高等和中等职业教育部及劳动和社会保障部,在欧洲培训基金会国家资质框架下同欧洲培训基金会合作。该项目将发展机构机制,执行国家资格框架的内容,商业组织提供经济专业、信息技术专业和外语专业等各类培训课程。

2011 年,私人教育机构(非政府)开始开展该领域的工作。

瑞士发展公司建立了 14 个职业教育中心,德国国际发展机构(GIZ)为管理人员提供培训课程,随后赴德国学习。

2002—2006 年,德国成人教育发展合作组织一直在为失业的成人提供培训,这些课程是在职业院校开设的,并在"乌兹别克斯坦职业院校对失业成人培训和再培训"项目框架内提供。持续时间为 500 小时,超过 70％的参与者在课程完成后找到了工作。使用职业院校的场地最大限度地降低了培训的开支。除了为失业成人提供职业培训外,该项目还为在职业院校工作的教师和培训导师组织专门培训。此类专门培训主要包括以下几点:

①成人职业教育的互动教学技能。

②对当地劳动力市场的分析。

③召开有关课程开展方式的研讨会。

④进行课程设计。

⑤企业和商业的基本要素。

⑥教育管理、财务管理、人力资源管理。

在当前的发展阶段,非正规成人教育的关键目标是提供职业教育,使人们具备能够迅速找到工作或在劳动力市场中表现突出的必备资质。

完善的成人教育体系是正规教育和非正规教育相结合的产物,是终身教育的前提。然而,目前非正规教育的问题是没有进行充分的调研,提供成人教育的所有机构(政府、非政府组织和国际机构)之间没有相互协调,现有的案例、信息和统计数据没有统一收集。而这些数据对培训教师能成功教授各年龄段的学员很有必要。

现行的成人教育制度在教育法中没有明确体现,没有广泛可用的各类学科教学方法。为确保培训课程的高质量,学员可对教师资格、课程内容和教学方法提供反馈。课程信息的方便获得是吸引感兴趣的人和促进成人教育体系发展的必要条件。

非正规成人教育的情况需进一步分析。

7. 校外教育

校外教育超出了正常课程范围,这种教育不是强制性的。校外教育机构是为满足儿童和青少年教育和发展的个人需求而设立的,用来组织他们的自由时间和休闲活动。

乌兹别克斯坦在全国各地都建立了校外教育机构,构成了校外教育网络。该网络由以下机构组成:

①211 所乌兹别克斯坦 Barkamol Avlod,共有 10 万名学生,其中 59.8% 为女生。

②297 所音乐艺术学校,共有 48 万名学生,其中 44.2% 是女生。

③459 所体育学校,共有 30.6 万名学生,其中 29.4% 是女生。

乌兹别克斯坦 Barkamol Avlod 对愿意加入的学生没有年龄要求。音乐艺术学校的钢琴和弦乐器专业接收 7~10 岁的儿童,学习年限为 7 年;其他专业接收 7~12 岁的儿童,学习年限为 5 年。体育学校基于生理发育和与年龄相关的儿童特征,也有相应的年龄限制。

在政府的校外教育机构,大约有 24000 名教师,其中包括 12400 名女性教师(占 52%)。

在过去的 9 年里,乌兹别克斯坦共有 1374 个儿童体育设施,包括 254 个新建的体育设施,861 个改造的学校内体育场馆,以及 259 个重建的儿童体育设施。

校外教育由普通教育学校组织,根据兴趣提供。

同时,生活在农村的儿童进入乌兹别克斯坦 Barkamol Avlod 受到限制,因为该中心主要建在城区中心。虽然校外教育的重点是音乐、艺术和体育,但政府有明确意向在这三个优先领域之外加强关注其他领域,例如学校新闻、辩论俱乐部、哲学俱乐部等。

政府尤其感兴趣的是把校外教育成果作为一个平台,通过展现儿童和青少年的特殊才华,提高其国际交流能力,这也是吸引儿童和青少年接受校外教育的另一动机。通过加强校外教育活动与相关民间社会组织的联系,可以进一步推动部门的发展。

8. 有特殊需求儿童的教育

提供社会保障是乌兹别克斯坦国家政策中的首要任务。政府特别关注弱势群体儿童和青少年的教育问题,拨出必要的资金并采取措施,保证社会弱势儿童的教育和需求,这些儿童需要特殊的教育方法。

(1)多种语言的儿童教育

《乌兹别克斯坦国家语言法》对教育机构使用的教学语言进行了规定。该法不仅规定乌兹别克斯坦的官方语言为乌兹别克语,而且要求为乌兹别克斯坦公民创造学习官方语言的必需条件,并且尊重生活在国内的少数民族,保障其语言环境的发展。

根据法律,学前教育提供六种语言的教学,包括国家官方语言(乌兹别克语)。乌兹别克斯坦共有 512 所公立幼儿园,接收少数民族儿童总数超过 1.2 万人,这些幼儿园为母语不是乌兹别克语的儿童提供母语教育。

幼儿园儿童接受教育时使用的语言分布情况见表 15。

表 15　　　　幼儿园儿童接受教育时使用的语言分布情况(截至 2012 年 9 月)

语言	乌兹别克语	卡拉卡尔帕克语	俄语	哈萨克语	塔吉克语	土库曼语
幼儿园数量(所)	4962	324	140	11	34	3
儿童数量(人)	353004	18151	27920	1108	2868	180

根据现有条件及教育需求,组织各市、区、乡、镇、村开设用当地族裔母语进行教学的特殊班级(培训班)。普通教育学校为生活在乌兹别克斯坦境内的少数民族提供七种语言教学。

普通教育学校学生接受教育时使用的语言见表 16。

表 16　　　　普通教育学校学生接受教育时使用的语言(截至 2012 年 9 月)

语言	乌兹别克语	卡拉卡尔帕克语	俄语	哈萨克语	塔吉克语	土库曼语
学校数量(所)	8742	377	848	417	256	43
学生数量(人)	3868277	88285	372256	51757	71265	8306

学术学院、职业院校和高等教育机构提供乌兹别克语、卡拉卡尔帕克语和俄语教学。高等教育机构的教育学专业属于例外,除了上述语言之外,还需要以哈萨克语、塔吉克语、吉尔吉斯语和土库曼语对教师进行培训。

教学语言和教育机构由学生或其父母进行选择。事实上,不一定非要基于民族背景。例如,乌兹别克斯坦家庭的许多儿童在使用俄语、塔吉克语或哈萨克语等语言教学的学校学习。土库曼人、哈萨克斯坦人、塔吉克斯坦人和吉尔吉斯斯坦人不只是在使用他们的母语教学的学校学习,也在使用乌兹别克语或俄语的学校学习。

儿童和青少年无论使用何种语言,都应根据继续教育体系各个层次的单一教育标准和课程学习。此外,所有教育机构都必须创造必要的条件,无论使用何种教学语言,各民族都要学习官方语言,以确保拥有平等进入劳动力市场、平等参与社会生活的机会。

只用塔吉克语、哈萨克语、土库曼语或吉尔吉斯语等一种语言完成学业的职业院校和学术学院的毕业生,申请进入高等教育机构时,可使用其母语(非乌兹别克语)进行考试,这给了他们额外的优势(附加分),以便让他们进入高等教育机构继续接受教育。

乌兹别克斯坦政府确保在其境内的大多数族裔群体在选择教学语言方面获得平等的教育机会,向他们提供教科书,为少数民族儿童提供培训教师。然而,到目前为止,在继续教育体系的发展过程中,教师的在职培训使用的是乌兹别克语、俄语和卡拉卡尔帕克语。由于没有合格的讲师能够为使用哈萨克语、塔吉克语、土库曼语和吉尔吉斯语的教师提供培训,所以这些教师除了参加乌兹别克语或俄语的在职培训之外,别无选择。

（2）低收入家庭的儿童教育

政府特别注重为低收入家庭的儿童和孤儿提供资助。目前,乌兹别克斯坦共有27家福利院和孤儿院,共有2594名学生在普通教育学校学习。此外,还有18所为低收入家庭儿童和无父母照料的儿童所设立的寄宿学校,有4698名儿童和青少年在该类学校寄宿和学习。

国家为孤儿和无父母照料的儿童提供教育和照料（《乌兹别克斯坦儿童权利保障法》),为福利院和寄宿学校的学生免费提供教科书和学习用品,每年向超过50万名的此类学生提供冬季服装。

根据公共教育部和财政部（2008年）批准的《幼儿园和寄宿学校的收费程序》的规定,每年为超过8万名低收入家庭的儿童（占总人数的15％)免除了幼儿园教育的保育费。每年在乌兹别克斯坦Barkamol Avlod,有超过14000名儿童免交保育费。根据《在儿童音乐艺术学校接受教育需支付和使用的保育费规定》(2008年,公共教育部和财政部决议),每年有12000名低收入家庭的有才华的儿童免交此类费用。

根据《乌兹别克斯坦健康文化和体育法》,为16岁以下的儿童、残疾儿童和孤儿免费提供体育和健康改善服务。

（3）农村（包括偏远地区）的儿童教育

乌兹别克斯坦乡村地区共有7306所普通教育学校,包括617所交通不便的偏远地区的学校,为276万名学生提供教育。

乌兹别克斯坦政府没有就交通不便的、偏远地区的儿童教育问题单独颁布一份立法文件,因为为城乡儿童提供的教育机会应该是均等的。乌兹别克斯坦的所有儿童都享有接受优质教育的权利,没有一项法律规定在地理位置的基础上区分教育的普及性和质量。

位于边远地区的乡村学校问题由公共教育部门予以解决,以确保每个学生享有接受教育的权利。在这方面,这些教育机构被纳入建筑和设施现代化计划中,将为其提供相关的基础设施和信息技术。

同时,位于偏远地区、生源稀少的小型学校的学生仍然是获得优质教育最弱势的群体,国内有565所此类学校,且大部分学校位于居民楼内。由于在小型学校中不存在平行班级,所以他们往往没有足够的、相关专业的学科教师。这类学校的教师必须为不同年龄段和不同能力水平的学生教授不同年级的课程,这就需要教师接受在职培训,改进教学的方式、方法及技巧,并进行在这种条件下工作的心理培训。然而,由于没有其他教师来代替,小型学校的教师们没有机会定期参加在职培训。另一个阻碍教学人员技能提升的原因是,没有专门为教师提供其专业外的学科培训的课程。因此,在为教师提供在职培训方面,有必要采取一些非常规措施。

（4）残疾儿童的教育

乌兹别克斯坦关于《预防人体免疫缺陷病毒（HIV）引起的疾病法》规定,禁止教育机构剥夺或限制与艾滋病人共同生活的儿童接受教育的权利。所有感染艾滋病病毒的患病儿童都可以在大众教育机构接受教育,并与其他学生一样参与学校的生活。

"确保为残疾儿童提供学前教育和校外教育,以及职业培训,帮助他们接受中等教育、中等职业教育和高等教育"（《乌兹别克斯坦共和国残疾人社会保障法》）,这是国家教育政策中的一项优先事务。

残疾儿童有在教育机构接受教育和培训的权利。教育机构需有专门为残疾儿童设计的课程,儿童可以根据自己的身体情况、心智能力和意愿接受教育。残疾儿童的父母可以基于最利于儿童发展的方式及医疗委员会的建议,选择在普通的、专门的教育机构接受教育或在家接受教育。

学前教育是由学前教育机构提供的。若儿童的健康状况不允许其在幼儿园接受教育,就可选择专门的教育机构。普通教育和中等职业教育由所有教育机构提供,必要时由专门的教育机构提供。在高等教育的范围内,有特殊教育需求的年轻人被纳入教育机构的常规班集体中。

一旦进入教育机构（包括特殊教育机构）接受教育,就无法进行家庭教育,因此要适当考虑父母或监护人的意见。

为残疾儿童提供教育已经在乌兹别克斯坦实行了很长一段时间。然而,他们与同龄人一起上普通教育学校的问题在几年前才首次提出,在这方面,教育体系正在迈出最初的步伐。目前,正在试点一些项目（由联合国儿童基金会、联合国教科文组织、亚洲发展银行等提供援助）,将帮助 28000 名残疾儿童进入 5900 所普通教育学校学习。

以前没有研究过残疾学生人数问题,建议在教育部门计划实施的后期进行数据收集。

全纳教育是全民教育计划的优先发展领域之一。根据该计划,"全纳教育应提供普通教育学校中有特殊教育需求儿童所需要的条件"（公共教育部、高等和中等职业教育部,2002 年）。计划中提到了联合国教科文组织的一个项目,该项目旨在为有特殊需求的儿童开发教育体系,而该体系正在儿童全纳教育资源中心实施。

有各种方法来界定全纳教育的概念。乌兹别克斯坦继续教育发展战略定义了全纳教育:"教育是包容性的,不歧视或不会在性别、能力、种族背景、社会地位、健康状况或任何其他方面对学生有偏见。"

乌兹别克斯坦全纳教育发展的立法前提是在事实基础上的发展,将全纳教育作为术语纳入教育法的问题正在讨论中。此外,目前正在实施的试点项目,存在发展全纳教育的空间。与此同时,在项目的试点过程中也发现了一些问题,这些问题需要进一步审查。

实施全纳教育的法律机制尚待审查和修订。教育机构应在其建筑物和相关区域内建造特殊的基础设施（通道、坡道、轮椅专用电梯、配备专门设施的洗手间）。应采取措施开发促进儿童全纳教育发展的特殊文献和方法支持。

尽管教师在在职培训机构已经学习了 40 个小时的关于全纳教育的特殊课程，但仍然需要提高教师对有特殊需求儿童进行有效教学方面的技能。

只有当教师能正确对待及处理有特殊需求儿童的要求，又不忽视无特殊需求学生的要求时，对有特殊需求儿童的教学问题才能成功解决。

此外，为了更广泛地向学校引进全纳教育，家长和社会应加强对共同学习潜在益处的认识。利益相关方应意识到全纳教育体系会为所有学生带来好处，而不限于残疾儿童。全纳教育体系要求制定有针对性的教育政策，能有效处理全纳教育工作，并对支出等相关问题进行审查和解决。

(四)财政与管理

1.教育部门在公共预算中的份额

在经济发展水平相似的国家中，也就是中低收入国家，乌兹别克斯坦把公共支出的最高项之一分配给了教育部门。至少在基础教育方面，两性平等即将实现。目前，估计有 35％的国家预算用于教育支出（2012 年），按下列项目划分：

①用于教育和人员培训的预算支出（不包括投资、薪酬、消耗品的费用）。

②用于投资的预算支出（如建设学校、安装设备等）。

③预算外的资金。

表 17、表 18 更进一步阐述了这一点。

表 17　　　　　　　　　　教育支出总额占国家预算总支出的比例

年份(年)	2005	2006	2007	2008	2009	2010	2011
占国家预算总支出的比例(%)	29.0	29.6	29.6	41.5	41.7	36.7	35.0

表 18　　　　　　　　　　教育支出总额绝对数值　　　　　　　　　十亿索姆计

年份(年)	2005	2006	2007	2008	2009	2010	2011
除人员培训外的总开支	776.5	1031.7	1350.2	1878.1	2464.4	3255.7	4017.5
人员培训	214.9	269.4	376.5	591.0	868.3	1208.4	1565.4
小计	991.4	1301.1	1726.7	2469.1	3332.7	4464.1	5582.9
财政集中投资于教育的支出	214.1	209.0	349.0	382.0	509.3	194.4	9.4
预算支出总额	1205.5	1510.1	2075.7	2851.1	3842.0	4658.5	5592.3
用于重建、翻新、配备教育和医疗机构设施的资金支出	151.5	236.0	369.9	497.2	556.8	284.1	338.3
儿童体育发展基金	21.7	22.7	23.4	30.2	45.3	97.0	146.3
预算外资金总额	173.2	258.7	420.3	527.4	602.1	381.1	484.6

2. 按教育阶段分配预算

2005—2011年教育预算中各个教育阶段份额的变化(财政集中投资的支出除外)见表19。

表19			教育预算中各个教育阶段的份额				十亿索姆计
年份(年)	2005	2006	2007	2008	2009	2010	2011
学前教育	142.9	170.9	218.7	279.3	361.1	464.3	569.7
普通教育	576.0	790.4	1037.7	1460.5	1911.0	2529.6	3129.4
特殊需求儿童教育	13.3	17.3	27.2	35.7	49.0	66.5	84.8
校外教育	24.5	33.4	46.3	79.8	101.3	138.0	182.2
福利院儿童的教育和抚养	4.7	5.7	6.3	8.3	10.8	14.7	17.1
其他普通教育活动	15.0	14.1	14.1	14.6	31.1	42.6	34.3
学术学院教育	9.9	14.3	24.5	38.6	57.3	81.3	104.6
职业院校教育	124.7	160.0	224.8	365.4	566.0	849.0	1087.4
高等教育	59.1	74.5	100.8	149.5	205.7	224.1	302.4
其他人员培训活动	21.2	20.6	26.5	37.5	39.3	54.0	71.0
总计	991.3	1301.2	1726.9	2469.2	3332.6	4464.1	5582.9

如上所述,按绝对价值计算的拨款配额稳步增长,这在很大程度上是由通货膨胀引起的。自2005年以来,乌兹别克斯坦的年均通胀率约为20%,与同期的年度预算配额增幅基本一致。

55%~60%的教育体系总预算被分配给普通教育(1~9年级),按照国际标准,这是相当大的比例。随着时间的推移,中等职业院校教育尤其是职业教育越来越受到重视,2005—2011年职业院校教育经费的分配增加了55%。2000年,职业院校的教育拨款仅占3.2%,与其相比,教育拨款的增加量达到了83.6%。

3. 教师的薪酬

过去几年,教师的薪酬不断提高,可以注意到,这些增长都高于通货膨胀水平。

教师的平均年薪(含奖金)目前是4200~4800美元,与人均国民收入基本持平。迄今为止,经济合作与发展组织国家的教师报酬一般设定在人均国民收入(PPP)的1.0~1.5倍。有几个国家高于这个比例,它们都属于尚未实现全民教育目标的不发达国家。

4. 教育体系的行政结构

乌兹别克斯坦教育体系的行政结构按照职能线性方案形成,其特点是:

①有若干层级存在,每一级都在上级的行政监督之下;下级必须执行上级的决定。

②行政机关只能管理其行政范围内的机构。

乌兹别克斯坦的教育系统由两个部门和一个专门的中心来管理。设有学校教育部门，同时地区设有中等职业教育部门。

政府建立了监督学前教育、普通教育和校外教育的三层管理体制，地方和区（市）级机关协调相关部门与教育机构之间职能的运作。中等职业教育有两层管理体制，没有区级行政管理。高等教育机构直接由中央管理，无中间管理层。

教育体系的整体管理由乌兹别克斯坦内阁的一个部门执行，该部门负责发展社会领域，包括实施教育体系改革。

根据法律，乌兹别克斯坦内阁在教育体系方面拥有以下职权：

①实行单一的国家政策。

②监督教育行政机构。

③发展和实施教育项目。

④建立教育机构的组织、重组、清算程序。

⑤确定教育机构以及教师和研究人员的认证程序。

⑥给乌兹别克斯坦境内的外国教育机构发放许可证。

⑦根据规定，建立外国教育文件的认可程序。

⑧批准国家教育标准。

⑨批准建立国家模式的文件，并设置程序。

⑩确定国家资助的数额和教育机构的录取程序。

⑪任命国家高等教育机构的校长。

⑫设立学生转校程序。

同时，国家对教育系统的某些管理职能由财政部、经济部等部门承担（基础设施建设、人口预测、进入教育机构的预测和计划等）。对教育机构活动的直接监督由两个部门——公共教育部及高等和中等职业教育部进行。公共教育部负责监督学前教育、校外教育和普通教育机构的活动。此外，还对 5 个高等教育机构和 16 个教师在职培训机构进行监督。除中央机关外，部属地区部门和区（市）部门对其辖区内相关教育机构的活动履行管理职能。2007 年，教育机构的财政预算都由这些部门提供。2007 年，与财务相关的职责移交给财政部的相关部门主管。

高等和中等职业教育部负责监督高等教育和中等职业教育机构的活动。后者由高等和中等职业教育部设立的中等职业教育中心进行监管。

劳动和社会保障部对特定的职业培训和个人技能提升项目负责。

教育机构的管理实行一长制和自治相结合。每个教育机构都有理事会代表的自治形式，负责人（主任或校长）代表一长制形式。

理事会通常就教育机构运作中常见的、最重要的问题做出决定，负责人执行理事会决议。理事会决议对所有教育过程的参与者都是有效的。理事会、教育委员会、家长委员会属于自治形式，自治主体选举和其能力界定的程序由相关条例和教育机构章程规定。

学生、家长和社会在实现优质教育以及规划发展教育机构方面的最大限度地参与，是实现自治的关键。

(五)教育质量

国家的教育发展规划、中等职业教育发展规划、改善基础设施建设规划，都是针对教育内容的现代化(国家教育标准的发展、课程的改进和新一代教材的开发)，提高人员的能力(修订教学人员在职培训体系，引进创新技术、形式及教学、培训方法)等两个方面进行的。

1. 标准、评估与监测

在乌兹别克斯坦，继续教育的各阶段都有国家教育标准(普通教育、中等职业教育、高等教育)。该标准确立了对学生知识水平和技能水平的要求(通过学习评估)，并规范了学科内容。

除上述标准外，还有关于资源可用性和教育过程的现行条件(学校设施、卫生标准、配套设施和设备等)以及教育机构的管理人员和教学人员资质要求的标准。监督和评估教育标准的制定是基于：

①学生知识质量控制评估体系。

②学生学习成果监测系统。

学生知识质量控制评估体系系统地分析学生对每个学科的知识和技能的获取程度。学生学习成果监测系统有两种方式：内部监测和外部监测。2011—2012学年学习成果监测计划见表20。

表20   **2011—2012学年学习成果监测计划**

监测实体	第一季度	第二季度	第三季度	第四季度
普通教育学校	对所有学科的评估	对所有学科的评估	对所有学科的评估	对所有学科的评估
区/地方监测部门		评估6～7年级的9个科目	评估9年级的9个科目	评估5～8年级的9个科目
地方监测部门和公共教育部门		评估6～8年级的9个科目		评估5～9年级的9个科目

2006年，在联合国教科文组织和联合国儿童基金会的技术援助下，公共教育部开展了一项"关于学习成果监测"的研究。这项研究评估了4年级和8年级的学生在计算能力、读写能力和生活技能方面的成绩，并明确阐述了影响学习成绩的因素。

2. 教育体系在满足人口和劳动力市场需求方面的相关性

乌兹别克斯坦的一个重要教育目标是为本国的经济和工业培养高素质人才，以及为公民的智力和精神发展做准备。在过去的几年里，政府和外国合作伙伴在基础设施方面进行了大量的投资，特别是在中等职业教育领域，提高了职业培训的质量。中等职业教育体系在教育,人文与艺术,社会科学、经济和法律,科学,工业建筑工程,农业水利工程建设与管理,健康和安全,服务等8个领域提供培训。

每个领域都有几个职业方向及细分职业。

科学领域的职业方向及细分职业的结构,见表21。

表 21   科学领域的职业方向及细分职业的结构

分领域	职业	细分职业
水文气象学	气象学家	气象技术员 农业技术员 气象观察员
地质学	地质勘探工程 技术人员	地质技术员 收集员 地质灾害观察员
水文地质学	水文地质技术员	钻井机械师 钻井操作人员 地质钻井专家
地球物理学	地球物理学家	记录员 地球科学技术员 地球物理勘查工程师
水文学	水文学家	水文技术员 水文观察员

整个中等职业教育体系为225个岗位提供培训,127400个外部合作伙伴(公司、组织、培训机构)与职业院校有合作关系。学生与学院和公司签订三方协议,根据这份协议,他们可以在公司实习。约50%的学生毕业后继续受雇于与他们签订三方协议的公司。

2011年有430253名学生从中等职业教育机构毕业,其中91.6%的人找到了工作,其中大约五分之一的人在国有企业工作。严重制约职业院校毕业生满足劳动力市场需求的因素有:

①培训质量。

②分析劳动力市场需求的准确性。

③学生横向技能的发展。

根据中等职业教育中心的说法,中等职业教育体系在招聘有专业经验的员工时面临着挑战。2011年在自己的专业领域找到工作的毕业生为175000人,而在相关领域找到工作的毕业生为209800人。对学生进行独立工作、承担责任和解决问题的能力,以及关于自治、决策技能和沟通技能的培训,将大大提高其技能并减少他们对其专业领域空缺情况的依赖。另一个原因与中等职业教育体系和经济制度现有模式的有效程度有关。在企业实习期间,学生通常被视为额外劳动力,而不是未来的同事。因此,在社会层面上还有待建立一种健康的伙伴关系。学生在训练中技能得到了提升,如有必要可以为他们提供专业训练的机会,训练学生独立工作的能力以及承担责任和解决问题的能力,这将大大提高学生的技能水平。

中等职业教育的毕业生有资格向银行申请小额信贷用于创业。从 2001 年第一季度到第四季度,这类信贷总额从 21.8 亿索姆增加到 62.5 亿索姆。

(六)国际组织支持的以往项目的经验和教训

双方的合作重点在以下四个相互关联的方面:

①促进以人为本的教育方式。

②提高人力资源的能力。

③提供学习方法的文献。

④改善基础设施。

公共教育部及中等职业教育中心的数据显示,乌兹别克斯坦与国际组织合作实施了 30 个旨在增加儿童和青少年获得优质教育机会的项目。

由亚洲开发银行资助实施的项目,在教科书编写、出版、自动预订和注册系统的引入,以及在信息资源中心基础上建立学校图书馆方面,发挥了重要作用。

儿童友好学校项目是与联合国儿童基金会合作实施的,旨在引入以人为本的教育方式,确保儿童的安全,促进儿童、父母或监护人积极参与教育过程,确保普通教育学校的性别平等。

教育部门发展项目为远程教育体系的发展提供了帮助,在普通教育学校和在职培训机构建立了远程教育资源中心。

由世界银行资助的学校教育发展项目促进了理事会活动的开展,引入了普通教育和学前教育的人均资助体系。

亚洲开发银行捐助实施的一个项目,协助装修有一定数量残疾儿童的专门寄宿学校和一些普通教育学校,并为残疾儿童提供服装和助听器。

伊斯兰开发银行资助的普通教育学校建设和配备项目的第二阶段(2010—2012年)旨在通过在农村建设新型普通教育学校,增加生活在交通不便地区的儿童接受教育的机会。

普通教育学校的信息化是在亚洲开发银行、韩国政府和中国政府的项目框架内进行的。

与世界银行、亚洲开发银行、伊斯兰开发银行、经济发展基金会合作实施的项目,协助改善普通教育学校的基础设施,提供现代化的教学设备和技术援助。

1998—2011 年,政府通过对中等职业教育体系的投资,实现了以下目标:

①学术学院和职业院校配备了学习和实验设备。

②职业院校的车间配有学习生产线。

③发展和改进高职院校特殊学科的专业标准和课程设置。

④开发和出版教学手册。

⑤培训多方面发展的人员。

⑥开发劳动力市场分析机制。

⑦完善社会伙伴关系发展理念。

⑧引进职业院校专业实践考试的机制。

该项目的资金由亚洲开发银行、日本国际合作银行、伊斯兰开发银行、德国开发银行、塔西斯计划（欧盟对独联体国家技术援助的计划）、韩国政府、波兰政府和瑞士联邦政府提供。

所有国际组织参与的项目都旨在提高各级教育的教学质量。从成功实施教育部门发展战略的过程中吸取经验和教训，以便将该经验和教训用于其他项目和计划的实施中。在工作小组会议期间，总结了与国际组织实施项目合作的关键经验，并提出了教育部门计划的建议。

以前的项目实施通常没有社会和非政府组织的参与，结果导致捐助者捐助资金后，某些发展战略便不再继续。今后，在国际援助机构的帮助下，有必要对未完成项目的可持续性问题给予更多关注。为了提高可持续性，有必要确保所有的合作伙伴都对教育部门计划有主人翁意识，每一项活动的计划都应由社会积极参与。

有些项目目标远大，没有考虑现有的能力水平，导致未达到预期的结果。在落实教育部门计划的过程中至关重要的一点是，根据现有的制度和人员能力，只计划能够在一定时期内由相关部门及其整个部门实施的活动。

捐助者协调机制的缺乏导致某些项目的效率低下，某些部门的活动重复进行。教育部门计划监测和评估结构预计设立内部机构和捐助团体，以协调和引进合作伙伴进行活动。

国家培训人员项目的执行没有采取全部门方式。虽然制定了某些类型教育发展的方案，但是一些问题相当分散。因此，不能确保改善学习环境和提高教学质量措施的连续性。教育部门计划应用了全部门方式，某种类型的教育目标实现与其他部门的工作结果相关联。

在以往的项目中，由于缺乏足够的研究和对现有情况的评估，实施效率低下。当前教育部门计划的特殊性包括成果和产出指标，以及对实现这些指标的详细说明。

在教育部门计划实施的过程中，将特别注意改进监测评估体系，并对管理方法进行更系统的介绍，以达到一定的效果。增加项目管理以及教育部门计划中具体项目的协调培训将是必要的。

四、教育部门战略措施的理由

（一）整体战略视野

在分析第三部分所述的现行教育体系的基础上，建立了基于战略性产出和各教育分部门成果的教育部门计划战略措施矩阵。在实现可持续和高质量的人口增长方面，教育部门发挥着关键作用。

(二)相关部门的成果和产出

在实现这一愿景的过程中，根据产出细分各部门的成果，每项产出与特定的战略领域相关联。

学前教育的优先发展计划——发展和支持儿童发展服务，扩大一年制短期项目，提供父母的教育方法。普通教育的优先发展计划——建立有利于学生接受教育的良好条件，提高教学质量和学习质量。中等职业教育的优先发展计划——提高教育水平和就业水平之间的协调性，包括发展符合劳动力市场需求的中等职业教育。教师职前培训和在职培训的优先发展项目——以教师面临的职业挑战和教育需求为基础，对在职培训课程进行区分。高等教育的优先发展项目——基础设施现代化和完善向高等教育机构学习的技术手段。成人教育的优先发展项目——形成立法基础，扩大成人非正规教育的普及性。校外教育的优先发展项目——扩大网络，加强农村地区乌兹别克斯坦的基础设施建设。社会弱势儿童教育的优先发展项目——发展和支持全纳教育体系。

(三)战略领域概述

1.主要战略领域

（1）政策

政策强调了跨部门、连续性的需要，以便受益人能够顺利通过教育体系，这一事实也反映在部门的整体愿景中。

对儿童早期发展、学前教育及成人教育分部门来说，目前的政策处于初级阶段，需要进一步发展，甚至重新构思。之所以与儿童早期发展、学前教育和成人教育分部门有特别的关联，是因为支持政府在这方面显著扩大供应的意图。需要注意的是，儿童早期保育与教育供应的增加不仅意味着人力资源的线性增长，而且意味着需要与特定的人力资源开发计划相关联的鉴定能力。因此，对儿童早期发展、学前教育部门资金配置的改变将直接影响进一步阐述相关政策的必要性。

教育质量问题以及对有特殊教育需求的学习者的教育，已经被交叉整合到现行政策中，例如通过质量基础教育框架或现行的国家教育标准。值得称赞的是，各部门已明确地认定特殊教育需求渗透到整个教育体系及其所有分部门。

（2）基础设施

政府在基础设施及学校配置，特别是电脑和实验室的配备方面取得了长足发展（公共教育部，2011年）。建立"现代技术和信息化基础"几乎在所有与基础设施相关的产出中都占有重要地位。

可以预期的是，在全国范围内加强对儿童早期发展和学前教育的推广，会对分部门管控的基础设施产生影响,这可能需要额外的投资,不仅仅是在建造或翻修方面,还包括针对学前教育阶段早期学习的配置方面。对学前教育中教学和学习材料的精心挑选,也将极大地促进儿童在以玩为主的学习环境中实现做好进入普通教育学校准备的整体目标,而这一学习环境会把学生的个性潜力发挥到极致。

(3)员工发展

员工发展主要指培训教师(儿童早期发展、学前教育、普通教育、中等职业教育、校外教育)、导师(中等职业教育)、教师培训人员(为教师进行培训、再培训)、讲师(高等教育)、培训人员(成人教育)。所有教学人员需要不断提升,以便在需要时满足学习者的特殊需求。

因此,主要战略领域员工发展的成果,与各种各样的教师培训以及对其他教育人员进行相关培训的目标群体存在联系。

(4)监测+评估

公共教育部门解决了一系列重要的问题,如:

①教育标准的改进。

②教科书的开发。

③教学人员的培训和再培训。

④学校的教学和学习过程。

⑤全纳教育问题。

⑥监测和评估。

主要战略领域监测+评价(包括高等和中等职业教育部)指出,需要协调现有的监测程序,以确保全面了解教育部门,使得分部门之间可以相互关联,确保分部门的成果与部门的总体前进目标相一致。

在质量概念制度化的总体框架内,能力建设(机构一级)将包括加强所有分部门层次的定量和定性两个方面的监测系统,特别是关于教育质量的定性监测,量身定制的能力建设有利于那些负责制定监测与评价战略的人。

2. 补充战略领域

补充战略领域包括与各个分部门有特定关联的领域,如:

①感受和认知的提高。

②伙伴关系和方法的整合。

③课程开发。

④专业导向。

⑤国际交流。

⑥教育途径。

⑦跨部门的连续性。

补充战略领域只涉及个别分部门,但并不意味着对于其他分部门来说,这些领域是无关紧要的。

对于未在此列出的分部门,补充战略领域主要整合到战略规划中,并以可能导致分部门产出的活动方式涵盖在各自的主要领域。

(1)感受和认识的提高

感受和认识的提高是那些分部门的首要任务,这不得不依靠公众的心态变化(例如早期学习的重要性和全纳教育的好处)或需要向潜在的受益者传递信息,而这些人可能还没有听说过这种可能性(就像成人教育一样)。在儿童早期发展和学前教育的情况下,对早期学习重要性的良好认识是成功扩展该领域的必要条件。

(2)伙伴关系和方法的整合

该领域对劳动力市场的推进和专业培训的成功合作至关重要。在乌兹别克斯坦,中等职业教育机构根据经济发展的要求培训人才。基于经济发展预测培训人才,方可有就业机会。中等职业教育系统与企业合作的正规程序是学生、教育机构、公司签订三方协议。协议签订后,学生在公司实习。然而,最后只有 50% 的学生被实习公司正式雇用。此模式降低了毕业生在劳动力市场上的竞争需求,但同时,如果他们找不到工作或因某种原因拒绝了工作,就会面临失业的风险。目前的培训模式只专注于专业技能,导致中等职业教育的毕业生很难适应就业市场的要求。在培养过程中,很少关注自身学习资格框架中规定的横向能力的发展。

(3)课程开发

在儿童早期发展和学前教育的情况下,课程开发被归类为一个单独的补充领域,因为在国家学龄前计划的基础上,有必要进一步发展多样化教育课程。

(4)专业导向

这个分部门与上文概述的补充战略领域中的伙伴关系和方法的整合密切相关,也是为了加强与劳动力市场相关的职业与专业培训之间的合作。它涉及从普通教育、中等职业教育到劳动力市场的过渡问题。需要特别注意有特殊教育需求的儿童和青少年。

(5)国际交流

国际交流是高等教育和校外教育部门的突出特点。这是一个战略领域,不仅通过加入全球教育伙伴关系支持国际交流,而且它还支持通过全球促进平等伙伴关系发起的国际交流,并为乌兹别克斯坦向国际社会展示自己取得的成就创造了重要机会。反过来,乌兹别克斯坦也将从其他国家的教育经验中受益。

(6)教育途径

对于乌兹别克斯坦实现千年发展目标而言,"途径"对教育部门来说不是问题,唯一的例外是高等教育和成人教育分部门,关于成人教育,尤其要注意以下两个方面:

①培训的承担能力。

②学习机构的位置。

（7）跨部门的连续性

跨部门的连续性问题是与政策相关的所有产出的一个不可分割的部分。尽管如此，它还是被特别指出是特殊教育需求分部门的一个单独的补充战略领域，以突出该部门的交叉定位和全方位的维度，其重要性与其他部门大不相同。

同样，这也涉及对特殊教育需求的进一步理解，包括公平问题和其他与来自弱势环境的学习者机会平等有关的问题，尽管政府正在努力，但仍需要特别关注。

这一补充战略领域的关键是对教育部门的全面认识，根据总体愿景，特殊需要教育为那些有特殊教育需求的人提供重要的支持。

（四）行动计划：每项产出的关键活动

每一个成果的产出都由5～6个焦点任务完成，其被认为是关键活动。作为与年度行动计划相关的工作的一部分，这些关键活动将被进一步细分为许多子活动。

（五）能力评估

对责任组织的能力评估是在分析乌兹别克斯坦社会经济发展年度报告的基础上进行的。通过分析可以看出国家机构基于以下的优势：

①存在专门的政府组织，负责发展教育。

②乌兹别克斯坦有广泛的社会和非政府组织网络，这些组织决定了能否巩固和统一国家教育可持续发展的潜力。

③专业研究机构和大学的职能网络由经验丰富的专家组成，这些专家具有良好的领域知识和国际认知度，并将指导教育部门计划（教育科学研究所、高等和中等职业教育发展中心、大学科学讲座）的研究项目和方案。

④有作为国家历史遗产的地方自治主体以及确保儿童和谐发展的民族价值观、精神价值观及传统。

乌兹别克斯坦在制定国家战略和改革教育部门计划方面具有较强的能力。这可以通过制定国家人才培养方案、基础设施发展方案和提高教育机构的能力以及更新教育内容来加以证明。现有的能力为实现千年发展目标做出了巨大的贡献。与此同时，还需要获得关于项目管理领域的最新国际标准、做法和经验，以及制定总体战略和财政战略。

有能力实现与国际伙伴的合作项目。各类框架下正在进行和完成的国际项目，可以作为国家层面规划和管理项目已有经验的证据，但在总体上理解全球战略方案的发展仍有发展空间。因此，需要一个培训过程，其中必须包括对国家级和地方级机构的政府官员和行政人员的培训。

纳入监测的组织，提供教育部门发展趋势的信息，并使用各种质量定义，但是只关注教育内容。因基于不完善的方法收集，现有的教育质量信息并不完整和准确。这就需要在国际实例的基础上，对监测系统、监测方法进行能力建设，以确保做出的决策是基于准确、及时和普遍被接受的数据。

教育体系具有足够的能力保证教育部门计划的实施。同时，只有具备了建设（开发）能力，才有更多的机会实施计划。提升国家能力的活动得到了在乌兹别克斯坦实施项目的国际机构（联合国开发计划署、联合国教科文组织、联合国儿童基金会，世界银行，亚洲开发银行等）的大力支持。

进一步的发展潜力将由项目决策者和执行者的能力水平来决定。

①决策并能影响公共舆论的政府官员。

②教育部门计划方案和项目的管理者和执行者。

③区域和地区教育当局的教学专家。

④教育机构的校长和教师。

⑤地方社区人员。

（六）交流计划

制订教育部门计划结果的交流传播，是为了确保项目实施者和其他利益相关方之间就实现教育部门计划的目标进行信息交流（交互系统）。

交流将以口头或电子邮件形式，或通过会议、圆桌讨论、出版物和电子数据库传播的形式进行。

信息传播包括及时收集信息，确保获得教育部门计划执行者在整个实施过程中共享和分发的信息。信息收集和处理机制基于教育部门计划监测和评估系统，还可以在分析教育部门计划实施的各个方面的基础上进行指标抽样。

信息传播可以通过以下几种方式进行：

①负责执行教育部门计划的所有部门、机构定期进行圆桌讨论。

②与教育系统的代表（包括学生、教师、家长和发展伙伴）、非政府组织、私企部门和地方当局定期进行区域性定向会议。

③在向参与者和其他利益相关方提供的材料中加入传播手册（在时间框架中，由教育部门计划提供）。

④在大众媒体和教育网站（半年度）的出版物中，定期公布教育部门计划每个实施阶段的内容和即将开展的活动的详细报告。

交流计划将根据教育部门计划每个实施阶段的需要和即将开展的活动进行详细的阐述和改进，通过这些活动得到所有利益相关方的反馈，这些反馈将在每年修订教育部门计划和行动计划中起到作用。

（七）风险评估

政府迫切想要实施上述计划，但同时也意识到教育部门计划的实施可能会有一系列负面因素，这些负面因素会对所实施活动的结果产生直接或间接的影响。因此，工作组对发展教育部门计划的潜在风险进行了分析，进而确定了保障措施，以降低教育部门在计划实施期间的风险。风险评估用来反映这些事件发生的可能性,以及对教育部门计划实施的影响程度。

虽然该地域某些国家存在不稳定现象,但乌兹别克斯坦保持社会经济稳定,教育被确定为国内社会发展领域的优先项目。它允许不考虑政治风险,因为在短期内政府的政治进程或其业务的优先领域不会发生任何变化。

实施教育部门计划的预计风险与专家潜力不足导致正在进行的活动效率降低有关。政府将通过国际捐助者和联合国发展援助框架实施教育部门计划,以及实施进程的监测与评估,以降低风险。

由于教育部门的国家和地区政策的变化,可能会出现与教育部门发展有关的错误。但是在考虑监测结果的情况下,有计划地对部分实施的活动进行系统修订,将确保活动方案与实际情况之间的可持续性。

主要风险包括先前分配的预算数额的降低或在实施教育部门计划过程中的融资不稳定,以及所分配的财政资源的无效使用。在这种情况下,教育部门计划的结构可以更改,但稳定的国家货币和银行体系中反危机计划的成功实施,可使其在不修改任务和形成新的预算参数的情况下继续进行。

教育部门计划引入的基于结构和内容更改的另一个结果,将与教育部门计划管理中的挑战相关,反过来又会对整个教育部门计划的效率产生负面影响。管理效率低下可能导致教育体系中的关键任务未能完成,而任务的失败以及直接的经济损失将大大降低继续教育体系改革之前的积极影响。然而,通过与国际捐助者的协调和监测,以及根据"基于结果的管理"方法,提高官员的能力,这种风险将大大降低。

实施教育部门计划的社会经济成果不仅要展示给教师群体,而且要展现给全体社会公众。否则社会公众可能变得无动于衷,甚至对整个教育部门计划,特别是其各个组成部分(地区)表示不赞成或态度消极。这将导致教育部门计划成果无人认可。降低风险的关键因素是及时进行感受与认识的提高,向人们通报教育部门计划的目标和实施过程。为此,政府制订了关于教育部门计划起草和实施过程的信息交流传播计划。

而且很明显,教育部门计划中一个单一任务的失败,也可能导致整个目标落空,也就是教育部门计划的实施失败。为了使风险最小化,有必要掌握教育部门计划实施过程中及时、客观的信息。否则,此类信息的缺乏就构成了一个重大风险。可获得的评估标准和充分的指标,它们的可及性和清晰性不仅要展现给计划实施的各方,而且要展现给广大公众;系统监测所达成的指标及记录活动管理方面的监测结果,将促进教育部门计划参与者和受益人之间的协调。

支持协调小组、当地工作组和教育部门计划实施方面的合作伙伴,对教育部门进行联合审查,也可以降低风险。

自然灾害的后果可能对教育部门计划产生负面影响,然而地方分权,即位于乌兹别克斯坦首都以外的 14 个地区和约 200 个地方行政主体,以及 70 个人员培训机构,降低了实施教育部门计划的风险。

五、教育部门计划的监测和评估

(一)监测和评估的目的

监测和评估是成功实施教育部门计划的一个先决条件,其主要目标是协助管理分部门战略的执行。作为一种管理工具,监测和评估系统监控教育部门计划实施中的所有关键指标、产出成果以及所涉及的资源。

监测工作将使国家行政主体、非政府组织和捐助者在实现战略目标方面开展协调活动。监测和评估的结果将为政府及其公民展现教育部门计划实施的过程,包括下列问题的答案:

①教育部门计划中的行动计划能否实施?

②预期的成果能否完成?

③预期与实际结果之间是否存在差异?

监测和评估将有助于识别需要解决的问题,在早期阶段,问题可以在出现之前得到解决。监测和评估框架被认为是一个实用的工具,它提供一个早期预警系统,确定哪些指标可能无法实现。它允许教育部门计划实施各方研究差异化,并在出现不满意的成果之前,在适当的时间改变干预措施的方向。

监测和评估系统是实施计划正常反馈的一部分,它提供了关于如何改进教育部门计划执行的数据基础,从而形成了未来计划和战略发展的基础。

政府保证有关监测教育部门计划信息的透明度和广泛传播。社会公众和大众媒体,包括公开的网站(公共教育部),将向所有利益方传播信息。政府允许公民就教育部门计划内的活动实施的有效性发表看法。

(二)监测和评估系统

教育部门计划的监测和评估系统是在考虑乌兹别克斯坦福利改善的基础上制定的,并以国家人才培训项目监测与评估预测成果进度追踪和评估方法为依据。

在教育部门计划实施的复杂监测和评估框架内建立定期收集和分析数据的系统,系统中的数据将表明实现战略目标和目标指标的层次。监测的目的是追踪从投入到产出全程的指标,同时分析其结果及其对整个教育部门发展的影响。

教育部门计划的监测和评估将基于结构和方法,其中包括调查问卷的使用、面试、文件分析、观察、焦点小组调研、样本研究、主要专家访谈以及直接调查。

各部门、区域和区(市)教育局下的监测服务以及规划发展战略的地方小组,是建立在2013—2017年教育部门计划监测和评价复杂系统的基础上的。

在微观层面(活动层面),监测反映了计划中描述的所有类型的行动是否正在进行,以及是否需要援助或干预。此类分析将每月进行一次。

在宏观层面(整个教育部门计划),监测将展现整个战略是如何实施的,资源和资金是否按照计划使用,以及结果是否符合预期。

政府建立了三级监测和评估系统,对教育部门计划实施过程进行追踪和分析。

1. 级别 1——当前监测和评估

①负责教育部门计划实施的责任方(与行动矩阵计划一致)每天对任务的执行进行评估。

②相关部门的监测部门每月提供每项活动取得的成果信息。

2. 级别 2——中期监测和评估

①相关部门的监测部门专家每月对教育部门计划实施过程的信息进行总结和分析。

②每六个月向当地教育小组提供关于教育部门计划监测和评估结果的分析报告。

3. 阶段 3——最终监测和评估

①教育小组编写关于教育部门计划实施过程的报告,其中包括分析目标指标的成果水平和预期活动进一步发展的建议。

②这份报告提交给乌兹别克斯坦内阁和援助协调小组。

③为社会公众提供广泛的信息渠道,以便社会公众了解教育部门计划实施的进展和效率。

在有相关专家的教育系统(部门、地方、区及市政)的每个层次上提供监测和评估服务。然而,人力资源潜在的水平需要进一步发展(提高专业技能)。

(三)监测和评估指标

很明显,使用统计数据来描述教育体系的运作是必要的,但它不能作为对部门现状和发展进行公正、可靠评估的充分依据。为了实现公正、可靠评估这一目标,制定了不同类型教育的一系列指标。

指标体系有两个层次,即产出和成果(影响)指标。产出指标提供了活动(战略)进展情况,衡量已经做了什么。成果指标提供该计划由于干预而实现的预期改变的程度。它们是用来衡量变化的,与总体目标相关。

两类指标形成了定性和定量指标。定量指标被定义为数量计量单位,定性指标包括比例和水平。

为了便于测量,定性指标通常是通过评分系统来量化的。尽管仍被称为定性指标,但严格来讲,它们是定量的定性指标。

监测的重点是一组较高水平的指标,这些指标反映了整体继续教育体系战略进程的基线状况和目标指标,尤其是每一种类型的教育。在此基础上,结合基线状况和目标指标,将提供教育部门计划发展动态的最全面的图景。

六、融资和成本

该部分内容将介绍基于教育部门计划设置的基线数据和政策目标而进行的财务模拟(建模)数据、过程和结果。

教育部门设计了一套方案,使用计算机操作模式测试不同教育发展方案和政策的真实性、一致性和可信性。它作为工具,探索在动态的、相互依存的、逐步演变背景下的教育发展方案。

这套方案涵盖了教育部门计划,这意味着它不仅包括公共教育部管辖下的所有分部门,而且包括高等和中等职业教育体系及中等职业教育中心。主要实施时间定于2017年(除非另有规定),以显示在计划期间乌兹别克斯坦教育体系的可能发展模式。

2013年3月,联合国教科文组织代表团访问乌兹别克斯坦塔什干市的大部分数据是由财政部提供的。

(一)基线数据概述

成本和教育资金模型的制作尽可能符合乌兹别克斯坦教育体系的特点,包括资源框架和支出模块。该模型的复杂程度和不聚合程度依赖于每个阶段的教育体系的关键特征以及可用的数据,以此来设定基准年的基线。

1. 人口预测数据

人口预测数据(2012—2017年)是从财政部获得的。在此期间,男性和女性的年均人口增长率分别为1.5%和1.0%。

2. 教育数据

大部分与教育有关的数据,即入学、教学/非教学人员和基础设施,由财政部提供,这些数据来自相关部门和机构(如公共教育部、高等和中等职业教育部、社会劳动保障部)。学生的流动率(升级率和留级率)通过比较2011—2012年、2012—2013年的入学数据进行计算。如果没有可用的恰当数据,2010年或2011年的数据就被用作评估的基础。

3. 成本相关数据

相关单位费用是根据财政部提供的数据计算的。如果没有可用的恰当数据,评估基于2013年3月联合国教科文组织与乌兹别克斯坦政府代表进行讨论的内容做出。

4. 财务框架

宏观经济数据(如国内生产总值、年度国内生产总值增长率、公共开支占国内生产总值的比例)来源于财政部。

(二)对教育目标和政策选择的基线和预测

根据乌兹别克斯坦政府的政策,所有分部门教师的实际工资将每年增长7%。此外,交叉活动的成本(如课程开发、监测和评估)每年将增加3%。

1. 学前教育

根据数据分析,目前学前教育的总入学率为23.3%。教育部门计划中的一个主要项目是扩大非传统形式的学前教育,如短期留置小组、家庭教育。这将使该比例从目前的 23.3% 提高到 32.2%。此外,更多的教师将接受在职培训,同时更多的幼儿园将在计划期间升级。

学前教育的基线和预测见表 22。

表 22　　　　　　　　　　　学前教育的基线和预测

指标	基线(2012 年)	预测(2017 年)
总入学率(3～6 岁)(%)	23.3	32.2
接受非传统形式的学前教育的儿童的比例(%)	3	9
生师比	12.5∶1	15.1∶1
教师占职员的总数的比例(%)	26.9	31.5
接受过在职培训的教师的比例(%)	20	30
升级的幼儿园的比例(%)	3.8	6.0

2. 普通教育

普通教育的模拟是针对低年级和高年级分别进行的。在没有可收集的数据的情况下,根据学生的分布情况进行估算。

在基线年,所有 6～7 岁儿童的总入学率为 94%。如果加上进入私立学校或乌兹别克斯坦以外机构的学生,这一总入学率很可能接近 100%,模拟使用了 95% 这项数据作为基础。所有的学生都将通过这个系统取得进步,而不会根据乌兹别克斯坦的政策和实际情况而中途退出或留级。

普通教育将继续进行学校现代化建设的工作,为学校提供设备(物理、化学、生物和外语教室),以确保现代化的学习环境。

普通教育的基线和预测见表 23。

表 23　　　　　　　　　　　普通教育的基线和预测

指标	基线(2012 年)	预测(2017 年)
总入学率(7～15 岁)(%)	94	98
生师比	14.1∶1	14.2∶1
学校更新率(每年)(%)	3.6	3.9
学校设备更新率(每年)(%)	17	17
接受过在职培训的教师比例(%)	20	30

3. 中等职业教育

在计划期间,中等职业教育的总入学率将保持在 88%,并认为实际入学率将接近

100%。接受在职培训的教师数量会增多,同时学校将在计划期间进行升级。

中等职业教育的基线和预测见表24。

表 24　　　　　　　　　中等职业教育的基线和预测

指标	基线(2012 年)	预测(2017 年)
总入学率(16～18 岁)(%)	88	88
生师比	14.8∶1	14.8∶1
学术学院数量(所)	13	13
职业院校数量(所)	149	149
学校更新率(%)	8.5	9.7
接受过在职培训的教师比例(%)	15	20

4. 教师培训和再培训

教育部门计划中的所有成果都包括在职教师的培训部分。尽管有些教师培训是在职业院校和大学进行的,但 2012—2013 年度仍有 16 个专业的教师培训和再培训中心,员工共计 940 人,其中 5% 的中心预计将升级,以满足额外的需求,并达到将远程学习的在职教师培训比例从现在的 2% 提高到 20% 的目标。至 2017 年,中心 30% 的教师培训人员每年也将接受培训。

5. 高等教育

在计划期间,高等教育的入学率将保持不变。7% 的高等教育机构将升级,以向更广泛人群提供在线课程。每年有 30% 的教师将接受培训,提高教学质量。

高等教育的基线和预测见表25。

表 25　　　　　　　　　高等教育的基线和预测

指标	基线(2012 年)	预测(2017 年)
总入学率(%)	10	10
学生(人)	289208	308295
生师比	12∶1	12∶1
升级的高等教育机构(%)	7	7
接受过在职培训的教师(%)	30	30

6. 成人教育

据估计,目前大约有 5% 的成人参与了成人教育项目。因缺乏可用的关于成人教育的详细数据,因此模拟是基于乌兹别克斯坦政府代表讨论得出的估算值。

成人教育的基线和预测见表 26。

表 26　　　　　　　　　　成人教育的基线和预测

指标	基线（2012 年）	预测（2017 年）
参与率（%）	5	5
成人教育中心（所）	150	150
升级的成人教育中心（%）	5	5
接受过在职培训的教师（%）	5	5

7. 校外教育

在计划期间，校外教育的覆盖率预计将从目前的 13.5% 提高到 16.4%，同时通过设施升级及教师培训提高校外教育的质量。

校外教育的基线和预测见表 27。

表 27　　　　　　　　　　校外教育的基线和预测

指标	基线（2012 年）	预测（2017 年）
参与率（7～15 岁）（%）	13.5	16.4
升级的校外教育机构（个）	1220	1462
校外教育机构（个）	49	60
接受过在职培训的教师（%）	20	30

8. 有特殊教育需求儿童的教育

只有 2% 的有特殊教育需求的儿童在普通教育学校学习，另外有专门的为有特殊教育需求儿童建立的幼儿园和寄宿学校，有些儿童在家学习。

政府关于全纳教育的长期战略预测，由于有特殊教育需求的儿童将被转到普通学校，一些特殊教育机构将被关闭。

（三）财政框架

乌兹别克斯坦的宏观经济形势良好，预计国内生产总值将每年增长 8.2%，而公共支出中有很大一部分用于教育支出（2012—2013 年为 26%）。在计划期间，这种对教育高投入的承诺将持续下去。普通教育在公共支出中所占的比例最大，主要是由于它的规模大。在 2012—2013 年和 2017—2018 年，对分部门的财政拨款也将保持相同。

目前私人捐助（加税收）的数目是相当可观的，在 2012—2013 年达到 8720 亿索姆。在计划期间，私人捐助的水平预计将保持不变。

财政框架的基线和预测见表 28。

表 28		财政框架的基线和预测
指标	基线(2012 年)	预测(2017 年)
年度增长率(%)	8.2	8.0
公共支出占 GDP(%)	31.2	30.6
教育支出占公共支出(%)	29.4	30.2
儿童早期保育与教育(%)	8.5	10.4
普通教育(%)	53.8	52.5
中等职业教育(%)	21.6	19.3
高等教育(%)	5.4	6.7
特殊需求教育(%)	3.6	3.6
校外教育(%)	5.3	5.3
成人教育(%)	0.01	0.02
教师培训与再培训(%)	0.2	0.5
其他活动(%)	1.6	1.6
捐助者对教育的资助(百万美元)	93	204
年增长率(%)	23	23

(四)模拟结果

该部分将介绍各分部门的模拟结果概要,以及预估的 2012—2017 年国内资源和财政缺口。

1. 学前教育(表 29)

表 29			学前教育的模拟结果			
年份(年)	2012	2013	2014	2015	2016	2017
学生数量(人)	539527	566213	610601	676077	743129	806445
短期学前教育项目的学生(人)	15008	15720	33000	55000	65000	70000
总入学率(%)	23.3	23.3	24.3	26.8	29.6	32.2
教师(人)	43117	43846	46005	46571	53748	57975
新教师需求(人)	0	670	2159	3566	4177	4277
其中:接受过在职培训的教师(人)	8635	9646	10819	12381	14178	16071
幼儿园数量(所)	5215	5235	5257	5307	5395	5476
其中:升级的幼儿园(所)	200	253	314	318	328	328
资源需求(以十亿索姆计)	1144	1507	1875	2265	2726	3263

2. 普通教育(表 30)

针对普通教育的低年级和高年级分别进行的模拟,代表了整体的普通教育分部门。

表 30 　　　　　　　　　　　　普通教育的模拟结果

年份(年)	2012	2013	2014	2015	2016	2017
学生数量(人)	4549335	4499228	4500553	4601445	4723855	4867519
总入学率(%)	94	95	96	97	97	98
教师(人)	410654	392324	393868	408995	422837	433507
其中:接受过在职培训的教师(人)	82131	89486	97771	107638	118797	130606
新教师需求(人)	0	0	1544	15127	13842	10670
学校数量(所)	9774	9768	9783	9787	9793	9801
其中:升级的学校(所)	349	381	385	385	385	385
资源需求(以十亿索姆计)	4396	5226	6548	7963	9578	11409

3. 中等职业教育

由于学生人数减少,在计划期间不需要增加新教师。然而在 2015—2018 年,这一趋势将逆转,学生人数将再次开始增加。尽管学生的实际数量将减少,但由于采取了提高质量的措施(如学校升级),2012—2017 年中等职业教育的成本仍将略有增加。

4. 教师培训和再培训(表 31)

教育部门计划的一个重点是教师培训。因此,为了满足教师培训日益增长的需求,在职教师培训机构将面临巨大的压力。在此期间,培训教师人员将从 940 人增加到 1805 人,并升级设备,为教师提供更多的远程学习课程。

表 31 　　　　　　　　　　　　教师培训和再培训的模拟结果

年份(年)	2012	2013	2014	2015	2016	2017
教师再培训中心(所)	16	16	16	16	16	16
教师(人)	118835	128782	138933	150460	163218	176881
升级的教师再培训中心(%)	1	1	3	4	4	4
培训教师(人)	940	1309	1413	1532	1664	1805
资源需求(以十亿索姆计)	233	375	647	732	817	1026

5. 高等教育(表 32)

表 32 　　　　　　　　　　　　高等教育的模拟结果

年份(年)	2012	2013	2014	2015	2016	2017
学生(人)	289208	295979	302219	308558	309071	308295

年份（年）	2012	2013	2014	2015	2016	2017
教师（人）	24200	24746	25247	25755	25777	25691
其中：接受在职培训的教师（人）	7260	7424	7574	7727	7733	7707
高等教育机构（所）	64	64	64	64	64	64
其中：升级的学校（所）	4	4	4	4	4	4
资源需求（以十亿索姆计）	1040	1403	1689	2008	2368	2781

6. 成人教育（无教育财政拨款）（表33）

表33 **成人教育的模拟结果**

年份（年）	2012	2013	2014	2015	2016	2017
参与者（人）	928991	952875	975410	998857	1020386	1040252
成人教育中心（所）	150	150	150	150	150	150
其中：升级的学校（所）	8	8	8	8	8	8
资源需求（以十亿索姆计）	45	66	76	88	102	119

7. 校外教育（表34）

参加校外教育项目的儿童数量将在2012—2017年显著增加。为了满足这一需求，教师的数量也将在这一时期显著增加。建立新的儿童中心只是理想的情况，目前政府并没有规划建设任何新学校。

表34 **校外教育的模拟结果**

年份（年）	2012	2013	2014	2015	2016	2017
参与者（人）	722255	758367	796286	836100	877905	920860
参与率（%）	13.5	14.3	15.0	15.5	15.9	16.4
教师（人）	24138	26249	28447	30715	33297	36065
儿童中心（所）	1220	1250	1300	1350	1400	1462
其中：升级的校外教育机构（所）	71	85	80	90	93	95
资源需求（以十亿索姆计）	4239	5406	6425	7584	8763	10083

8. 财政框架和资金缺口

尽管预计GDP每年的增长幅度持续保持在8%以上，但教育所需的资源将超过可用资源。这一点在计划实施的早期阶段更为明显，2014—2015年，可能会出现最大的财政赤字，而在2016—2017年将保持稳定。乌兹别克斯坦政府虽已有庞大的教育预算和来自私人（如家庭）的大量捐助，但仍需要外部资金实现教育部门计划的愿景。

乌兹别克斯坦教育部门计划评估报告
（2013—2017 年）

一、执行摘要

这份评估报告审查了与 2012 年 11 月全球教育合作伙伴评估指南对应的教育部门计划中的各个部分，并在每个部分给出了进一步改进的结论和建议。

二、教育部门计划的过程优势

教育部门计划的准备工作向乌兹别克斯坦综合教育部门计划迈出了实质性的一步，为进一步发展和与所有利益相关方进行全面协商奠定了基础。

与地方教育小组合作起草的教育部门计划的初始报告明确表明，迄今为止没有正在开发或修订一个综合的教育部门计划的过程。政府通过教育部门计划草案建立未来教育规划的基础，并且认为教育部门计划的进一步发展是必要的。

教育部门计划遵循福利提升战略 1（2007 年发布）中的规定，这是乌兹别克斯坦政府的第一个国家发展战略，该战略的重点是"提高教育质量，满足经济和社会科学技术发展的需要"（福利提升战略 2 在 2013 年上半年发布）。

教育部门计划拥有强大的政治支持，乌兹别克斯坦政府对教育十分重视，自 1997 年以来，法律规定 1～12 年级的教育为国家义务教育，包括中等职业教育，并且政府预算的大部分用于教育事业的发展。政府在基础设施方面进行了大量投资，包括建筑、设备、教学和学习资源等。如今，乌兹别克斯坦政府所面临的挑战是提高所有分部门的教学质量，不仅仅包括学习知识，也包括学习 21 世纪学生所需要的技能。

三、需要改进的地方

教育部门计划在准备期间得到了来自 PROMAN 顾问公司的帮助，该顾问公司明确表示，准备工作只是第一步，尚且需要进一步开发（初始报告）。报告中的详细分析表明，当前版本的教育部门计划在某种程度上暴露出缺乏准备时间的问题，并提出了一些需要改进的地方：

（1）地方教育小组的构成，其成员只限于乌兹别克斯坦政府官员和联合国儿童基金会成员，从而限制了其他利益相关方的贡献，特别是教育部门计划准备过程中的发展伙伴。地方教育小组（根据 2012 年 8 月国家级程序指南中的全球教育合作伙伴指南）应包括更广泛的利益相关方，特别是权力下放层面，比如主要国际发展伙伴和非国家部门的代表，理想情况下还应该包括直接利益相关方（学生、家长、教师和管理人员），在教育部门计划的评审和修订过程中应参考他们的反馈意见。

（2）为教育部门计划的发展和实施制订一个交流传播计划，尽可能详尽地说明不同部门和管理层面的作用和责任。

（3）与部门发展相关的各类政府战略。文件应该具有一致性：福利提升战略1和福利提升战略2、教育部门计划、部门的发展战略和发展伙伴援助战略，参考其准备、实施、监督和评估过程中得到的经验教训（假设福利提升战略2目前已经完成，将会包括对福利提升战略1的有效性的审查）。发展伙伴援助和发展规划可能需要根据教育部门计划中国家和分部门的优先事项，与发展伙伴集团进行磋商，并根据本评估报告的调查结果进行调整。

（4）确保所有分部门数据的可用性和适用性，建立一个实用的、综合的教育管理信息系统（需要发展伙伴集团的支持）。所有财务数据必须进行审查和更正，包括教育占公共支出的比例以及与福利提升战略中期预算框架一致的教育部门计划预算。

（5）应提供预计入学人数来促进人力和财政资源因入学人数的增减而做的规划。应提供更为详细的人力资源方面的相关数据：数量、资格、分布（地理区域和学科区域）、教育人员的流失率和提供培训的水平。

（6）应建立一个金融模拟模型，在政策选择和可能改革的领域提供政策性的对话，并帮助评估实现教育部门计划目标所需的资源（人力、物力和财力）。

（7）在包括公平性、效率、管理和融资等交叉问题上，应借鉴其他国家的经验和发展伙伴的专业知识，以协助制定教育部门发展的参考基准，维持教育优先事项的发展。关于特殊教育需求，应当将范围扩大到包括教育阶段的全部弱势群体以及平等对待所有分部门的交叉性问题。

（8）应进一步阐述行动计划，明确说明如何、由谁，以及何时予以实施和进行必要的更新。

（9）为教育部门计划制定的监测与评估体系，应明确指出基线和预测，以及如何实施、什么时间和由谁实施等信息，指出人力资源和财政资源的含义以及优先事项。

（10）教育部门计划应包括能维持教育优先事项发展的财政能力的风险评估，考虑支出效率和通货膨胀率，以及由于权力下放改革而导致的实施能力的变化。

（11）英文版本的教育部门计划，编辑时要注意改正拼写错误，明确教育政策问题的一些语句的含义和来源，提高内部引用和部门之间的联系，以及教育部门计划预期的产出和成果。

四、简介

在全球教育伙伴组织表示给乌兹别克斯坦拨款4990万美元之后，乌兹别克斯坦政府表示同意加入全球教育伙伴组织，并根据福利提升战略开发教育部门计划。教育部门计划草案是由PROMAN提供技术援助而开发的，由联合国儿童基金会作为全球发展伙伴的国家级协调机构签署。

作为教育部门计划发展过程的一部分，发展伙伴集团已经成立，其中包括联合国儿童基金会、联合国教科文组织、德国国际合作机构、日本国协力机构、世界银行、韩国国际合作机构、亚洲开发银行、联合国常驻协调员和欧盟。

发展伙伴集团负责评估教育部门计划并生成评估报告，其中包括乌兹别克斯坦政府实施工作的准备，这份报告在提交给全球教育伙伴组织之前是与乌兹别克斯坦政府共享的。

这份报告主要评估教育部门计划向全球教育伙伴组织申请实施资助的准备工作。这份报告总结了 Huong T. Le 的调查发现、观察和建议，随后做了案头审查。大卫·罗伊尔根据欧盟委派到乌兹别克斯坦的代表团的参考意见进行案头审查，该报告作为欧盟支持中亚教育平台项目的一部分，由 GOPA 管理。

基于欧盟参考意见和各自的专业领域，在与欧盟、联合国教科文组织和联合国儿童基金会的磋商中，专家达成了分工意愿。Huong T. Le 的重点是融资问题以及教育部门计划的准备过程。专家根据评估指南对教育部门计划的所有部分进行了审查，在网上讨论了他们的想法，并于 1 月 18 日在塔什干市的会议上汇报了结论。该报告根据 Huong T. Le 向捐助伙伴小组主要成员（联合国儿童基金会、联合国教科文组织、世界银行及欧盟）介绍初步实地考察的结果，对反馈进行了审查和修改。该会议由联合国儿童基金会在 2013 年 1 月 18 日举办，大卫·罗伊尔也参与了这次会议。

欧盟委派的专家的主要任务是根据欧洲代表团提出的参考意见评估乌兹别克斯坦国家教育部门计划，但不包括对国家教育部门计划发展过程的评估。该评估是根据参考意见进行的案头工作，没有进行实地考察，但根据参考意见，将基于乌兹别克斯坦的真实情况和该计划与国家现实相比较得出真实的观点。

全球教育伙伴评估指南寻求解决的关键问题是：

(1)这个计划是否有助于实现教育部门的目标？

(2)计划的目标和结果能否实现？

(3)如果存在风险，将如何降低风险？

(4)计划准备过程是参与式和透明的吗？

教育部门计划指出，全球教育伙伴 2011—2014 年的工作重点集中在三个方面：

(1)支持落后地区。

(2)改善学习成果和教育质量。

(3)支持女性教育。

对于乌兹别克斯坦来说，与之相关的是和教育质量有关的第二个方面，在该方面所有的优先领域都可以被纳入其中。乌兹别克斯坦政府福利提升战略 1 中 2008—2010 年的教育目标(2007 年发布)是：

(1)重点提高教育质量，满足经济和社会科学技术发展的需要；为全体工作者提供持续的培训体系；扩大国外高校分支机构的高等教育体系特别是科学技术进步体系。

（2）保持成人的识字率。

（3）增加 12～14 岁学生接受国家义务教育的机会。

（4）提供平等的入学机会，提高教育质量，于 2015 年实现全面普及国家义务教育的目标。

（5）为所有普通和职业教育学校的毕业生提供全面的物质和技术基础。

（6）到 2015 年，为至少 50％的学校开通互联网并提供计算机课程。

教育部门计划的重点是强调教育质量以及公平问题，公平问题主要针对有特殊教育需求的儿童。

联合国儿童基金会代表全球教育伙伴与 PROMAN 咨询顾问公司签约，该公司于2012 年 7 月开展工作，具体内容包括 8 个工作小组的案头审查和密集的国家咨询工作。为现状分析及教育部门计划本身的准备工作提供技术援助。考虑起草教育部门计划的可用时间，现状分析报告应简明扼要并反映教育部门在全球教育伙伴对未来资助中的优先事项。通过教育部门计划草案进一步建立教育规划的基础，进一步发展教育部门计划。PROMAN 团队建议继续开展工作小组，并进一步阐述教育部门计划的部分内容，以响应全球教育伙伴的反馈。

五、教育部门计划发展过程的评估

（一）教育部门计划的准备过程

问题：教育部门计划的原则是否受到尊重？

1. 调查发现

在乌兹别克斯坦政府同意加入全球教育伙伴组织后，成立了一个专门负责教育部门计划发展的地方教育小组。这个小组由 14 个成员组成，他们是相关政府部门、教育中心和教育机构的负责人或领导者，以及发展伙伴集团（来自联合国儿童基金会）的一名人员和一名非政府组织的代表，唯一代表发展伙伴的成员是联合国儿童基金会教育部部长。该组织由公共教育部部长担任主席。

政府为负责教育部门计划的八个分部门建立了工作小组，分别为儿童早期发展（儿童早期发展机构/幼儿园），普通教育，中等职业教育，教师培训和再培训，高等教育，成人教育，校外教育，有特殊需求儿童的教育，该小组由地方教育小组负责协调。

工作小组的成员主要来自位于总部的塔什干市的政府机构和部门的官员以及社团代表，他们成为现状分析以及行动计划产出和结果发展的主要信息来源之一。

教育部门计划详细介绍了参与过程，包括每个部门的焦点小组和深入工作组，其成果以结果框架形式展现出来并在确认及发展研讨会上讨论和定稿。教育部门计划的附录 2 和附录 3 列出了包括工作小组成员在内的确认及发展研讨会的参与者：高级部门人才和部门负责人；工作小组的主要成员；学校和机构的校长/副校长；捐助者代表和顾问公司（来自联合国儿童基金会和联合国教科文组织）。

2012 年 8 月 22 日,乌兹别克斯坦政府与地方教育小组举办了一场关于战略优先事项的确认研讨会。2012 年 9 月 17—19 日,乌兹别克斯坦政府在与地方教育小组举办的为期三天的研讨会上,制订了一项为期 5 年的行动计划。地方教育小组和工作小组成员主要由政府官员担任,除了中央政府以外,利益相关方的参与度似乎有限。这在很大程度上限制了利用主要教育工作者的优势的机会,实际上主要教育工作者可以为教育部门计划的发展提供有价值的专业知识和观点,提高主要教育工作者的参与度,还可以减少在教育部门计划准备阶段出现的问题。

PROMAN 的初始报告显示,目前没有一个全面制订或修订教育部门计划的过程。这家咨询公司将与政府合作伙伴和捐助团体合作,率先设计一个综合性的教育部门计划以作为进一步发展的起点。该文件进一步指出,乌兹别克斯坦政府文件通常不包括任何结构规划、目标纲要,以及目的、产出和指标(除了与整个体系没有联系的分部门之外)。PROMAN 团队的目标是通过教育部门计划草案,建立未来教育规划的基础,并进一步发展教育部门计划。

PROMAN 的参考意见列出了六个优先事项,以增加对乌兹别克斯坦政府认可的教育部门的额外支持:

(1)提高学前教育的入学率,并扩展入学途径。

(2)提高教师的专业资格。

(3)加强地方职业培训体系,以应对劳动力需求的变化。

(4)加强对有特殊需求儿童的教育供给,包括为教师提供培训,以适应其主要课程的特殊需求。

(5)建立一个现代教育管理信息系统,用于收集决定性数据。

(6)支持使用七种语言教育机构所有科目教材的更新。

教育部门计划清楚地阐述了以上优先领域的前四项,但未涉及教育管理信息系统的重要领域,这一领域对收集和分析分类数据至关重要。教育部门计划还指出全球教育伙伴 2011—2014 年的三个重点工作领域:

(1)支持落后国家。

(2)改善学习成果和教育质量。

(3)支持女童优势教育,所有相关领域都可以纳入其中。

福利提升战略呈现了乌兹别克斯坦的中期发展战略,并与中期预算框架及滚动的中期框架组合在一起。教育部门计划反映了福利提升战略 1 的主要目标,但是没有证据表明教育部门计划预算与中期预算框架相一致。此外,政府对有关教育的法律文件和现行政策进行了相当全面的审查,但没有透彻的分析来说明教育部门发展面临的瓶颈和挑战,以及关于优先事项的明确结论或对教育部门发展的影响。

发展伙伴集团的成员(特别是来自亚洲开发银行、世界银行、德国国际合作机构、联合国开发计划署)提供明确支持,用于福利提升战略的开发。亚洲开发银行(2012—2016 年)和世界银行国家伙伴关系援助战略(2012—2015 年)整合了福利提升战略的目标。福利提升战略 2 于 2013 年发布,目前尚不清楚将如何与教育部门计划的实施、监测和评估联系起来。2012—2015 年世界银行国家伙伴关系援助战略将教育部门计划的主要目标之一纳入其四个交叉发展的政策目标和优先事项:提高教育、健康及其他社会服务的质量和成果,使全体人民公平分享整体增长的成果。同时还为建立特殊发展目标的"路线图"提出了联合战略报告《乌兹别克斯坦展望 2030》。教育部门计划的发展和实施应成为长期发展过程的一部分。

根据商定的最后期限和文件完成的时间,在短时间内进行了现状分析,分析应简明扼要并反映教育部门在全球教育伙伴对未来资助中的优先事项。教育部门计划和全球教育伙伴拨款申请之间的联系存在一个误区:教育部门计划旨在成为一个综合的教育部门发展计划,因此应反映出全部门的视角,基于此考虑全球教育伙伴拨款资金的优先事项。教育部门发展的优先事项依赖一个只能提供部分支持的外部资助,这不是一个明智的做法。另外需要注意的一点是,教育部门计划的准备过程和全球教育伙伴资助申请不是一回事。

2. 结论

教育部门计划的准备工作迈出了实质性的一步,并为进一步发展和与所有利益相关方进行协商奠定了基础。教育部门计划的原则仍没有得到完全的尊重,还需要进一步改进,以确保教育部门计划拥有更多的包容性和更高的透明度。

3. 建议

(1)应该改变地方教育小组成员的构成,使其符合全球教育伙伴指南。按照指南,地方教育小组应包括发展伙伴集团、社会团体及私立部门的人员,以及将思想库作为战略的一部分,全面涉及利益相关者,尤其是权力下放层面,理想状态下应包括直接利益相关者(学生、家长、教师和管理者)和教育部门计划的同行评审,利用他们的建议、反馈及专业知识修订和实施教育部门计划。

(2)教育部门计划应该被看作一个不断演进的而不是一个固定的计划,必要时或优先事项发生改变时,它可以被修改或更新。原则是教育部门计划的质量必须得到保证。

(3)为教育部门计划的开发和实施制订一个交流传播的计划,参考从福利提升战略1 和 2 的准备、实施、监测和评估过程中学习到的经验教训。

(二)利益相关方的参与

问题:利益相关方和发展伙伴之间的承诺和责任是什么?

1. 调查发现

关于有效的利益相关者参与的一般和具体问题见上述结论和建议,最重要的是地方教育小组限制了成员的构成,限制了其他积极的利益相关者,特别是限制了发展伙伴在教育部门计划制订过程中的贡献。

教育部门计划第一部分第二条记录了在最初的磋商过程中,除了地方教育集团的正式参与和指导,发展伙伴也参与其中,且将教育发展计划描述为"所有利益相关方的联合倡议"。发展伙伴集团的建立是为了支持教育部门计划的发展,其中包括联合国儿童基金会、联合国教科文组织、德国国际合作机构、日本国际协力机构、世界银行、韩国国际合作机构、亚洲开发银行、联合国常驻协调员和欧盟。发展伙伴集团负责评估教育部门计划并撰写评估报告,评估乌兹别克斯坦政府的准备和实施情况,该评估在提交给全球教育伙伴组织之前,同乌兹别克斯坦政府共享。尽管协调机构倡导扩大地方教育小组的成员以包括更多的国际发展伙伴,但是只有联合国儿童基金会是地方教育小组的一部分并直接参与教育部门计划的筹备工作。

教育部门计划未明确指出利益相关方将如何提供支持,目前还没有一个责任关系矩阵图,这可能是 PROMAN 团队所期望的进一步细化的领域之一。

2. 结论

地方教育小组成员的构成只限于乌兹别克斯坦政府官员和联合国儿童基金会,限制了其他利益相关方特别是发展伙伴在教育部门计划准备过程中的贡献。

3. 建议

(1)协调机构、发展伙伴集团、教育部门,应强调开放和参与式对话的重要性,使各利益相关方能够为准备和实施教育部门计划和资助方案做出贡献,确保发展援助与国家战略优先事项的完全一致。

(2)明确地方教育小组和发展伙伴集团的协调机制。

(3)明确当地的利益相关者(大学、社会团体、非政府组织)在支持教育部门计划实施方面的作用。

土库曼斯坦

4.所有公民都享有使用国家提供的所有类型的教育服务的权利。

5.所有公民都享有在国家教育机构免费接受普通中等义务教育的权利。

第四条　国家对土库曼斯坦公民教育权利的保障

1.国家保证无论公民的民族、种族、性别、出身、财产、官方地位、居住地、语言、对宗教的态度、政治观点、党派归属(包括无党派人士)、年龄和健康状况如何,公民均拥有接受教育的机会。

土库曼斯坦内阁可根据特殊职业、专业,以及教育培养方向的不同要求和教育形式,对公民的性别、年龄和健康状况进行相应限制。

2.国家通过建立教育制度及提供适当的社会经济条件,确保公民享有接受教育的权利。

3.国家确保公民在国家教育机构接受教育的普及性和免费性,以及保障公民按照本法规定的程序,享有通过竞争的方式获得在国家教育机构免费接受职业教育机会的权利,前提是公民是初次接受该阶段的职业教育。

4.为了保障有特殊需求公民的受教育权利,国家承担其受教育期间的费用。此类公民的具体类型、确定办法,以及资助数额须根据土库曼斯坦法律规定来确定。

5.国家为残疾公民(身心障碍者)提供在教育机构接受普通教育的机会(全纳教育)。对于因健康原因无法就读普通教育机构的儿童,国家设立特殊教育学校,通过特殊教学方法训练其克服发展障碍和社会适应问题,从而使其接受教育。

6.国家协助具有杰出能力的公民接受教育,其中包括通过颁发国家特别奖学金等方式进行支持。土库曼斯坦内阁规定颁发这类奖学金的标准和办法。

第五条　教育、教学语言

1.教育机构使用的教育、教学语言由本法及土库曼斯坦其他法律法规规定。

2.土库曼斯坦语作为国家官方语言,是所有类型教育机构进行教育和教学的基本语言,不取决于教育机构的所有制形式。

所有教育机构都应保证教授土库曼斯坦官方语言。

3.根据土库曼斯坦法律,国家应协助公民学习母语。

4.在土库曼斯坦境内运营的外国教育机构及土外联合教育机构,依照本法、土库曼斯坦其他法律法规和国际条约,主要教学语言应为相关的外语。

土库曼斯坦官方语言用作这类教育机构国家教育科目的教学语言。

5.国家协助土库曼斯坦公民在任何类型、所有制的教育机构学习外语。在普通教育和职业教育中,外语是必修课。

6.依据土库曼斯坦遵循的国际条约,国家协助居住在土库曼斯坦领土外的土库曼斯坦公民接受以其母语为授课语言的普通教育。

第二章　教育体系

第六条　教育体系结构

土库曼斯坦教育体系包括：

1. 国家教育标准。

2. 教育大纲。

3. 教育机构系统。

4. 教育管理机构及其下设部门。

第七条　国家教育标准

1. 土库曼斯坦实施国家教育标准，包括对教育机构实施教学计划过程中的要求和责任。

2. 国家教育标准，是对毕业生资质和所受的教育成果进行客观评估的基础，不取决于受教育者所接受的教育形式。

3. 国家教育标准保证土库曼斯坦境内教育的一致性，以及普通教育和职业教育之间的连续性。

4. 针对有残疾的受教育者制定特殊的国家教育标准。

5. 国家教育标准的制定与审批程序，由土库曼斯坦内阁确定。

第八条　教育大纲

1. 教育大纲是教学内容、教学量、教学规划结果的总和。具体包括教学计划、教学进度安排、不同课程（年级、周期）的教育大纲、其他组成部分，以及评估和教学材料等。

2. 土库曼斯坦教育大纲分为普通教育大纲和职业教育大纲。

3. 普通教育大纲，旨在使受教育者积累知识，培养受教育者才能、行为习惯和特长，同时培养其对社会生活的适应能力，以及为其创造对职业教育教学计划进行有意识选择的条件。

普通教育包括学前教育、初等教育、基础中等教育、普通中等教育、课外教育。

4. 职业教育大纲，旨在使受教育者积累知识，培养受教育者进入特定领域职业活动的才能、技能和特长，以及完成特定职业专业的工作内容，同时包括后续职业技能的提升。

职业教育包括初等职业教育、中等职业教育、高等职业教育、继续职业教育、职业培训、人员进修和再培训。

5. 教育机构教育大纲的完成期限遵照本法制定，同时兼顾有关教育机构的类型和形式或国家教育标准的要求。

第九条　教育层次

教育层次是按照教育大纲内容进行分类的，具体设置根据教育大纲的复杂性、所获得的知识和技能的程度、对于上一阶段教育大纲的规定、提供教育服务的组织的条件和教学方法,以及是否需进行毕业评估来进行。

第十条　教育内容总体要求

1.教育内容应保障:

(1)使土库曼斯坦公民掌握符合国际标准的一般和专业的文化知识。

(2)使个体融入国家和国际文化一体化进程。

(3)使个体具备较高的个人精神和道德素质。

(4)发展每个公民的个人能力。

2.教育内容必须符合巩固促进土库曼斯坦的民族团结,加强公民之间、各民族和族裔间的和平,尊重不同的世界观,保障学生自由表达意见和自由选择信仰的权利。

3.具体教育机构的教育内容,应根据教育大纲来确定,教育大纲保障受教育者成绩满足相关国家教育标准的要求。

第十一条　接受教育的形式和教学形式

1.考虑受教育者的需求和能力,开展教育活动的教育形式可以包括在教育机构接受教育、自学、借读。

2.教育机构采用的教学形式包括全日制(脱产)、非全日制（不脱产,业余时间学习)和函授(不脱产)。

3.无论是何种形式的普通教育或职业教育,均应执行国家教育标准。

4.非全日制或函授新增的职业或专业方向,须通过土库曼斯坦内阁会议审查再设定。

第十二条　学生类别

根据教育大纲、教学形式、到校出勤制度的不同,受教育者可分为:

1.幼儿园学生——进入学前教育机构接受儿童教育,包括在教育机构寄宿的儿童。

2.中小学生——接受初等教育、中等基础教育和普通中等教育、课外教育的儿童及少年。

3.大学生——接受初等职业教育、中等职业教育和高等职业教育的公民。

4.培训生——接受技能提升和进修培训项目、职业培训项目的公民。

5.借读生——被普通教育机构录取并根据教育大纲接受中期或最终毕业考核的公民。

第三章　教育机构系统

第十三条　教育机构

1.教育机构主要进行教育活动,包括为受教育者实施一种或几种教育大纲,并保证其教育内容。

2.教育机构是具有法人资格的单位。

3.按照土库曼斯坦法律,教育机构可以分为公立、私立和其他所有制形式。土库曼斯坦教育系统主要由国家教育机构组成。

4.土库曼斯坦教育法适用于所有设立于土库曼斯坦境内的教育机构,与其所有制形式和从属关系无关。

5.教育机构包括学前教育机构、普通教育机构、初等职业教育机构、中等职业教育机构、高等职业教育机构、继续职业教育机构、技能提升和进修再培训机构、残疾学生特殊教育机构、孤儿及留守儿童专门教育机构、课外教育机构,以及其他从事教育活动的机构。

6.教育机构的活动,应遵循相应类型和所有制形式的教育机构的标准条例,该条例由土库曼斯坦内阁批准,根据条例制定这些教育机构的章程。教育机构章程的结构、章程批准程序和注册程序应遵循土库曼斯坦法律规定。

7.教育机构的类型由机构创建者确定。

8.可以根据本法、土库曼斯坦其他法律法规和国际条约,在土库曼斯坦境内设立外国教育机构或合作办学机构。

9.为发展和改善教育,教育机构有权与其他企业、机构和组织合作创立教育联盟。教育联盟应按照章程开展活动,建立程序、注册和活动范围应符合土库曼斯坦法律规定。

第十四条　教育机构创办者

1.教育机构创办者可以是国家权力和管理机构、地方自主管理机构、任何所有制形式的国内外法人代表、在土库曼斯坦境内注册的社会联合企业、土库曼斯坦公民和外国公民。在所有者变更的情况下,创办者的权利自动转让给其继承人。

2.创办者和教育机构之间的关系,由符合土库曼斯坦法律规定的双方协议确定。

第十五条　教育机构运行条件

1.教育机构根据土库曼斯坦相关法律成立和注册。

2.教育机构只有在取得许可证之后,才有权开展教育活动,并享有土库曼斯坦法律规定的相关优惠。关于人员教育和职业培训活动的许可审批条例,须经过土库曼斯坦内阁批准。

3.教育机构只有在经过国家教育管理机构认证后,才有权向毕业生发放国家认可的相关教育证书。颁发给教育机构的国家认证证明(学前教育机构除外),确认该教育机构的类型,以及教育内容和培训质量符合国家教育相关标准。国家对教育机构的认证,须按照土库曼斯坦内阁所规定的程序进行。

4.国家对教育质量的检查,由国家教育管理机构执行,检查其是否符合教育机构所实施的教育大纲,检查方式如下:对毕业生进行毕业考核;直接对教育机构进行考核,对学生培训内容和质量进行定期及不定期检查。对教育机构的考核程序和检查程序,由土库曼斯坦内阁批准。

5.教育机构可根据土库曼斯坦相关法律规定进行重组或注销。

第十六条　教育机构的管理

1.教育机构的管理,以土库曼斯坦法律为基础,按照教育机构的标准条例,在专责制和合议制的原则下执行。

2.教育机构由机构负责人直接管理,机构负责人的任命和免职,须按照土库曼斯坦法律规定的程序进行。

3.教育机构负责人的职位名称、权限和责任,教育机构合议部门的形成程序和活动程序,部门之间的权限划分,由教育机构的标准条例和章程确定。

4.国家教育机构负责人,须按照土库曼斯坦法律规定程序通过考核。

5.在教育机构,须建立合议管理机构。

教育机构的合议管理形式,可以是学术委员会、学生管理委员会、教学委员会、教学法委员会等形式,工作的组织规则包括委员会选举程序,由教育机构的标准条例和章程确定。

第十七条　组织教育活动的一般要求

1.教育机构教育活动的组织实施,应符合教学计划、课程教育大纲(年级、周期)和课程表。

2.教育机构利用各种教育技术实施教育大纲包括:远程学习,利用信息和电信网络在远程模式下与培训人员和教师互动;电子学习,基于数据库中所包含的信息,综合应用信息传输技术和技术手段,以及用于传递信息和电信网络通信等手段。

3.教育机构采用考核系统,对受教育者进行考核的形式、程序和周期由国家教育管理机构制定。为确定受教育者对职业教育大纲的结构和内容的掌握程度,该考核系统也可采用学分制(信用制)。

4.受教育者须通过强制性的国家毕业考核。教育机构以此为依据确定受教育者已掌握普通中等教育课程和职业教育课程,并为其颁发证书。

5.受教育者须通过中期考核。教育机构以此为依据确定受教育者已掌握基础中等教育课程,并在此基础上向受教育者颁发关于已掌握相关方向(专业)普通中等教育大纲的证书。

6.教育机构的纪律要求须尊重受教育者和教师的人格尊严。不允许对受教育者进行体罚和精神摧残。

7.教育机构对受教育者课程的学习结果进行个人登记,并以教育主管部门规定的方式将这些结果进行纸质和电子存档。

第十八条　教育机构录取公民入学的一般要求

1.土库曼斯坦教育机构接收公民的一般要求,须符合本法相应类型和所有制教育机构的标准条例。

2.当公民被录取到教育机构时,教育机构有义务使其和其父母了解学校章程的相关规定,有权开展教育活动和发放国家教育文件的许可文件、教育机构所实施的主要教育大纲、规定教育过程组织的其他文件。

3.土库曼斯坦保证所有居住在土库曼斯坦的适龄儿童接受学前教育和普通教育。

4.适龄儿童接受学前教育和普通教育,须经父母(监护人)申请。

5.公民接受国家职业教育须经本人申请后由相关教育机构择优录取。录取条件应确保录取的公民是从事有关职业教育最有能力和最有潜力的人选。

6.国家中等职业和高等职业教育机构在选拔具备一定的创造力、必要的身体素质和心理素质的特殊人才时,有权进行附加测试,对附加测试的考核结果与一般入学考试的结果一并考量、甄选。对于录取时可能会进行的关于创造力和职业方向的附加测试及其专业清单由土库曼斯坦内阁确定。对于涉密行业的中等职业和高等职业教育的附加考试项目和录取条件,须经土库曼斯坦内阁批准。

7.以下情况无须参加甄选竞争,入学考试合格便可接受国家机构的职业教育:孤儿和没有父母(监护人)照顾的儿童;Ⅰ、Ⅱ类残疾儿童,须由社会医疗鉴定机构出具同意其参加教育机构相关教育的意见书;军烈属遗孤。

8.入学考试合格者,在以下情况下拥有进入国家职业教育学校的优先权:入学当年参加中学生国际奥林匹克运动会优胜者,参加国际奥林匹克教育领域竞赛的土库曼斯坦国家队成员;土库曼斯坦国家冠军,国际体育比赛获奖者,且须进入教育机构体育相关领域专业学习;国家和国际创造性比赛的获奖者,且须进入教育机构创造性专业学习;Ⅲ类残疾人。

9.入选中等职业或高等职业教育机构的在职人员,根据土库曼斯坦劳动法,按照其个人意愿,可分别给予不超过 10 个或 15 个工作日的带薪假期,其中不包括往返教育机构的路途时间。

第十九条　特殊教育机构

1.国家为孤儿和没有父母(监护人)照顾的儿童创建了特殊教育机构,国家保障其学习条件并规定教学内容,国家鼓励和支持设立家庭型儿童之家。

2.对于需要长期治疗的残障儿童,由于健康原因不能参加普通学校学习,国家建立特殊教育机构。

3.特殊教育机构的教育活动,按照土库曼斯坦内阁批准的相关标准条例进行管理。

第四章　普通教育大纲的实施

第二十条　学前教育

1.学前教育大纲旨在对幼儿进行教育和培养,为幼儿身体和智力发展奠定基础,使受教育者具有民族和大众的心理价值观和文化价值观,开发其能力和天赋。

2.一般来说,学前教育大纲涵盖 1～6 岁的儿童。

3.为帮助家庭教育和培养学龄前儿童,土库曼斯坦建有网络化的学前教育机构。根据不同的职能条件,学前教育机构的类型包括托儿所、半托幼儿园、幼儿园等。

4.国家教育管理机构对所有学前教育机构的活动进行方法指导和检查(无论所有制形式和所属部门如何)。

5.培养学龄前儿童掌握初等教育大纲是学前教育的一个组成部分,初等教育大纲为必修项目,应在家庭教育机构、学前教育机构或其他教育机构学习。

6.初等教育大纲的学习准备工作,从儿童 6 岁开始。

7.对于开展学龄前初等教育大纲的家庭教育,国家教育管理机构与地方教育管理机构应为其提供教学方法和咨询性的帮助。

第二十一条　初等教育

1.初等教育大纲,旨在塑造受教育者的个性,发展个人能力和学习能力,包括阅读、写作、计算、理性思维、自我控制的能力,行为和语言表达能力,以及保持个人卫生和健康的生活方式的能力。

2.初等教育是国家义务教育。

3.初等教育入学年龄为 6 岁。

4.初等教育的修业年限不少于 4 年。

5.初等教育可以在以下教育机构之一获得:综合学校、专业普通教育学校(各个专业方向)、普通教育寄宿学校等。

6.初等教育结束之后,开始学习基础中等教育大纲。

第二十二条　基础中等教育

1.基础中等教育大纲,旨在培养受教育者拥有较高的道德信仰、审美情趣,健康的生活方式及较好的人际和种族间沟通的能力,培养和发展受教育者个性,使其掌握科学、技术,知晓脑力劳动和体力劳动的基本原理,发掘其潜能和天赋。基础中等教育大纲,旨在发展受教育者社会自我判断能力,培养其职业导向的能力。

2.基础中等教育是国家义务教育。

3.基础中等教育的培训须有初等教育作为基础。

4.基础中等教育课程的修业年限通常为 6 年,加上初等教育,中小学教育合计10 年。

5.基础中等教育可以在以下普通教育机构之一获得:普通教育学校、专业普通教育学校(各个专业方向)、普通教育寄宿学校等。

6.基础中等教育结束时,不进行国家统一毕业考核,也不颁发毕业证书。

基础中等教育结束时须通过阶段考核,根据考核结果,颁发相应专业继续学习的推荐书。

第二十三条　普通中等教育

1.普通中等教育大纲,旨在培养受教育者的认知兴趣和创造力,使其形成独立的自我学习技能、自立能力、适应社会能力、独立做出生活选择和开展劳动活动的能力。普通中等教育大纲,旨在使受教育者做好学习职业教育大纲的准备。

2.普通中等教育大纲,是根据行业教育需要而确定的,即教育计划要与其行业所需的特定知识、教学类型相一致。专业课程根据专业方向所需来确定,具体课程设置须经国家教育管理机构批准。

3.土库曼斯坦公民接受普通中等教育时,可以根据基础中等教育推荐信及学生本人兴趣选择一个专业方向。

4.接受普通中等教育须有基础中等教育作为基础。

5.普通中等教育是国家义务教育,可以在以下普通教育机构之一获得:普通教育学校、专业普通教育学校(专业化)、普通教育寄宿学校。

6.普通中等教育修业年限通常为 2 年。加上初等教育和基础中等教育,合计12 年。

7.因未能完全掌握普通中等教育大纲而未获得相应文凭的土库曼斯坦公民,可以通过借读方式继续学习,相关条例规定由国家教育管理机构批准。

8.完成普通中等教育,通过相关考核并获得国家颁发的普通中等教育证书后,可以继续参加职业教育学习。

第二十四条　校外教育

1.校外教育和培养是教育系统不可分割的组成部分,旨在发展受教育者的能力,满足他们的兴趣和精神需求。

2.为了培养受教育者的不同兴趣和能力,国家建立了一个课外教育机构网络,包括文化审美、自然科学、技术、体育等。

3.校外活动,与普通教育机构、家庭、公共协会、创造性团体的活动一起开展,并且本着自愿的原则,学生可根据兴趣自由选择机构种类和活动种类。

4.各类校外教育机构的活动,须按国家教育管理机构批准的标准条例进行管理。

第五章　职业教育大纲的实施

第二十五条　初等职业教育

1.初等职业教育旨在培养社会活动各领域需要的技术工人。

2.在土库曼斯坦接受初等职业教育,至少需要有普通中等教育作为基础。

3.初等职业教育可以在具备相关许可资质的各种初等职业教育机构(职业学校、中学和其他机构),以及中等职业和高等职业教育机构获得。

4.初等职业教育机构的培训,分为全日制和非全日制两种形式。

5.初等职业教育的培训专业及培训形式,应根据土库曼斯坦国家初等职业教育专业分类指导目录确定,或由土库曼斯坦内阁审批确定。

6.根据专业的复杂程度,初等职业教育的修业期限为1年至1年半。具体的学习时间,由授权教育机构制订的相关专业培训计划确定。

7.初等职业教育机构毕业生毕业后,教育机构须向其颁发毕业证书,证书中须标明相关专业信息。

8.获得初等职业教育证书后,受教育者可以从事相关专业工作,也可以在土库曼斯坦中等职业和高等职业教育机构继续接受职业教育。

第二十六条 中等职业教育

1.中等职业教育旨在满足个人获取和深化职业教育的需要,培养土库曼斯坦相关部门的中级专家。

2.在土库曼斯坦接受中等职业教育,至少需要有普通中等教育作为基础。

3.中等职业教育可以在具备相关许可资质的各种中等职业教育机构(中等职业学校、大学等)和高等职业教育机构获得。

4.中等职业教育机构的培训,分为全日制和非全日制两种形式。

5.中等职业教育的培训专业及培训形式,应根据土库曼斯坦国家中等职业教育专业分类指导目录确定,或由土库曼斯坦内阁审批确定。

6.如果公民在所在岗位的工龄不少于2年或从事与在教育机构所学专业相关的工作,则可根据其所在单位雇主的推荐信,作为大学生被录取进入中等职业教育机构,以非全日制函授和全日制函授的形式进行专家培养。

7.中等职业教育修业年限为2~4年,具体时间取决于所选专业和教育形式。具体的学习年限由土库曼斯坦内阁批准的有关专业计划确定。

8.中等职业教育机构毕业生毕业后,教育机构须向其颁发毕业证书,证书中须标明其中等专家学位并获得相应专业的技能。

9.获得中等职业教育证书后,受教育者可以从事相关专业工作,也可以在土库曼斯坦高等职业教育机构继续接受职业教育。

第二十七条 高等职业教育

1.高等职业教育大纲旨在为土库曼斯坦国民经济各部门培训专业人员,提高人才的基础理论知识和实践技能,以及满足公民个人对深化和拓展文化教育等方面的需求。

2.土库曼斯坦的高等职业教育,分双阶段培养和单阶段培养两种形式。

3.高等职业教育双阶段培养的第一阶段(学士学位),被定义为高等教育,可以进行所有专业种类的活动,分专业进行教学培训。

接受高等职业教育(学士学位)需要有不低于普通中等教育的基础。

高等职业教育(学士学位)分全日制、非全日制和函授三种形式。

非全日制和函授的学生(学士学位)需要有 2 年以上工龄或其职务与所进修的方向有直接关系,经所在单位雇主推荐方可入学。

4.高等职业教育双阶段培养的第二阶段(硕士学位),被定义为高等教育,旨在培养受教育者独立解决专业和管理任务的能力,按照专业方向开展各种教学和研究工作。接受高等职业教育(硕士学位)需要有不低于高等教育的基础。

在高校中,高等职业教育(硕士学位)的教学,是以全日制教学形式进行的。

5.单阶段高等职业教育(专家学位)也被定义为高等教育,旨在进行各种专业的教学和研究活动。高等职业教育(专家学位)至少需要有普通中等教育的基础。在高校中高等职业教育(专家学位)的教学,以全日制、非全日制和函授的形式进行。录取为非全日制和函授的学生(专家学位)需要有 2 年以上工龄或其职务与所进修的方向有直接关系,经所在单位雇主推荐方可入学。

6.高等职业教育可以在不同种类的高等职业教育机构(高等院校)中获得,如大学、科学院、音乐学院、学院等。

7.高等职业教育的专业和方向,包括培训形式,由土库曼斯坦高等教育机构分类表确定,或由土库曼斯坦内阁审核确定。

8.高等职业教育的修业年限:学士学位 4 年;硕士学位 1～2 年;专家学位 5～6 年。取决于其所学习的专业和形式,具体的学习期限由土库曼斯坦内阁批准确定。

9.已经圆满完成高等职业教育计划的毕业生可以获得相应的学位,即学士学位、硕士学位、专家学位。

第二十八条　研究生专业教育

1.研究生专业教育作为土库曼斯坦继续教育的最高水平,旨在培养高素质的科学人才。

2.研究生专业教育是在高等教育(硕士学位、专家学位)的基础上进行的。

3.研究生专业教育可以在高等职业教育机构和科学机构进行,通过答辩方可获得学位。

4.研究生专业教育事宜,依照土库曼斯坦法律规定协调管理。

第二十九条　职业培训

1.职业培训旨在使学员快速掌握一些简单工作所需的技能。

2.可在以下机构获得职业培训:非教育专业的机构和社会组织,以及具有相关资格和执照的专家个人处。

3.实施普通中等义务教育大纲的教育机构,如果具备相应的许可,即可通过与企业、机构和组织签订协议,进行附加职业培训。此类职业培训须在学生及其家长(监护人)同意情况下进行。

4.职业培训时间取决于培训课程学时数和培训班周期(课程表)。

5.职业培训分全日制、非全日制和函授。

6.职业培训完成后可获得相关证书,受教育者可以从事认证申请的相关专业工作。

第三十条　技能提升和人才进修

1.随着现代科技的进步和国际合作的深入,为了深化专业知识学习和提高专业技能,需要进行技能提升和人才进修。

2.根据土库曼斯坦劳动法,雇主有权根据需要,独立确定人员培训需求,以及技能提升和进修的形式,培训应根据劳动合同中确定的程序或雇员所从事的相应种类的工作条件进行。雇员进修后,无正当理由未能履行合同规定的义务,须偿还雇主为其进修所花费的费用。

3.人员(职工、专业人员)的进修可以是国家公费,也可以与教育机构、科研机构等通过签订合同的形式来完成。

4.进修其他相关问题,依照土库曼斯坦法律进行协调管理。

第六章　教育体制管理

第三十一条　土库曼斯坦内阁教育部职权

1.保障执行与教育体制相关的土库曼斯坦宪法、现行法律、土库曼斯坦总统法令、土库曼斯坦内阁决议,以及国际条约。

2.规范调节国家教育管理活动。

3.制定教育领域国家政策。

4.保障公民接受教育的宪法权利。

5.管理国家教育体制。

6.基于国际标准、外国经验、民族历史和民族精神进行市场经济的教育改革。

7.制定、执行并保障教育发展大纲。

8.组织执行土库曼斯坦教育领域国家预算。

9.制定并落实关于扶持教育工作者及贫困学生的国家社会政策。

10.实施教育科学发展举措。

11.保障与外国及国际组织间的教育领域合作。

第三十二条　国家教育管理机构

1.土库曼斯坦为教育管理构建了国家教育管理机构体系,各机关在现行法律及其他土库曼斯坦法律法规规定的职权范围内运作。

2.土库曼斯坦国家教育管理机构,包括国家教育全权管理机关、地方执政机关。

第三十三条　国家教育全权管理机关职权

国家教育全权管理机关:实施国家教育领域政策;研究教育前景和发展趋势,编制对于教育内容、水平及规模的要求;制定国家教育标准;协调各教育机构的活动;保障与其他国家的国际合作,研究并推广世界前沿经验;制定所有类型教育机构在教学、教学方法和科研工作方面的指导性文件;参与土库曼斯坦教育领域国家预算制定;毕业生在完成阶段学习时,应通过国家毕业考核并被颁发国家毕业证书,国家教育全权管理机关应为国家毕业考核和毕业生学习质量检查提供科学方法保障;制定教育机构招生标准;制定招收外国公民及无国籍人员进入学前和普通教育机构的规范;制定教育机构标准条例及认证方法;实施教育领域和职业人才培养活动的许可审核;为在土库曼斯坦实施的外国教育文件办理等效性认证手续;制定教育工作者认证程序及专业能力提升程序。

国家教育全权管理机关制定的法律法规,应由土库曼斯坦内阁授权确立。

第三十四条　地方执政机关职权

地方执政机关职权包括:

1.统计需要在初等教育、基础中等教育和普通中等教育机构接受国家义务教育的学生。

2.发展学前和普通教育机构网络,巩固其物质基础,保障其经营服务。

3.保障学前和普通教育机构建筑的维护,为其附近区域完善配套设施。

4.为教育工作者和学生提供社会保护,并根据物质技术规范和财务保障规范,为其工作、教育和教学创建环境。

5.保障学前机构学生营养的供给。

6.依靠地方财政,保障农村地区学生至教学地点的定期接送。

7.改善普通教育机构的教学方法,提高教育工作者专业水平,提升其专业技能。

8.确定教育工作者的人才需求并形成订单,签订人才培养协议。

9.监督学前教育和普通中等教育质量,使其符合国家要求。

第三十五条　教育证书

1.为顺利完成普通中等教育大纲的人员颁发普通中等教育毕业证书。

2.为顺利完成以下等级职业教育大纲的人员颁发的证书可分为:

(1)初等职业教育——初等职业教育毕业证

(2)中等职业教育——中等职业教育毕业证

(3)高等职业教育(学士学位)——学士学位证书

(4)高等职业教育(硕士学位)——硕士学位证书

(5)高等职业教育(专家学位)——专家学位证书

3.实施普通中等教育和职业教育大纲的国家教育机构,为顺利通过国家最终考核的毕业生颁发证书,并由相应教育机构领导签字盖章,以证明毕业生已接受相应教育。

4.按规定程序通过国家认证、实施普通中等教育和职业教育的非国有教育机构,应为顺利通过国家最终考核的毕业生颁发证书,并由相应教育机构领导签字盖章。

5.持有国家教育证书,是在土库曼斯坦国家教育机构继续接受下一阶段等级教育的必要条件。

6.职业教育证书中标明的职业教育和技术水平等级,赋予持证者在土库曼斯坦从事职业活动的权利。

7. 未完成相应阶段教育、未接受国家最终考核或国家最终考核不合格的人员,按国家教育全权管理机关规定的样式,为其发放在教育机构学习的证明。未接受国家最终考核或国家最终考核成绩不合格人员,有权在至少一年后重新参加国家考核鉴定。

8. 相应类别教育机构的国家最终考核条例,由国家教育全权管理机关确立。

9. 颁发给完成以下教育大纲任务的人员技术水平证书可分为:

(1)职业培训(根据职业学习结果授予等级)——证明书。

(2)技能水平提升或人才进修——技能水平提升合格证或职业进修结业证。

10. 按规定通过国家认证,并实施技能水平提升和人才进修及职业培训的国家教育机构和非国有教育机构,为顺利完成学业的毕业生颁发国家样式证书并由相应教育机构领导签字盖章,以证明毕业生接受过相应的技能教育。

11. 教育证书上标明的技能水平,使持证者有权从事一定的职业活动或执行土库曼斯坦法律规定的需要具备专业提升和人才进修或职业培训技能的具体劳动职责。

12. 因身体原因不能接受普通中等教育的残疾人,若掌握了适应性普通教育大纲,则为其颁发国家教育全权管理机关规定样式的教育证书。

13. 实施教学活动的机构,有权为已掌握教育大纲但无须参加国家毕业考核的人员,颁发国家教育全权管理机关规定的相应样式的学习证书。

14. 颁发教育证书或资格证书,不收取费用。

15. 教育证书或资格证书上的语言使用土库曼斯坦国家语言。教育证书或资格证书,也可以按国家教育全权管理机关规定的样式,使用外语。

16. 教育证书国家样式,由土库曼斯坦内阁确定。

第七章　教育经济

第三十六条　教育活动经费

1. 教育机构活动根据本法和土库曼斯坦其他法律法规拨款。

2. 国家教育机构经费拨款,按照拨款的标准规范实施,拨款标准要按照教育机构的类型及平摊到每个学生的数额确定,并综合考虑教育大纲、教学技术、教育形式、残疾学生特殊受教育环境、教育安全保障条件、学生生命和健康维护等内容。

3. 根据农村与其他教育机构的距离、交通便利性和学生数量进行拨款,对于配套设施不完善的农村普通教育机构的拨款标准,不应只考虑学生数量。

4. 非国有教育机构教育活动经费,以国家教育机构拨款标准作为最低拨款水平。

5. 根据土库曼斯坦内阁确定的招生计划,公民可以通过竞争选拔的方式获得名额,依靠土库曼斯坦国家财政支持在相应国家教育机构接受初等职业教育、中等职业教育或高等职业教育。

6. 教育机构有权按照土库曼斯坦法律规定,以下列方式获得额外的经费支持:提供补充教育和教育机构章程规定的其他付费服务,按照基本教育大纲额外招收付费学生,接受土库曼斯坦公民及外国法人或自然人的自愿捐助和专项捐款。此外,教育机构吸引额外资金不能造成标准下降,也不能全部依靠创立者资金。

7.教育机构可以从所持有的预算外资金中,自主为有需要的学生提供社会扶持。

8.教育机构自主进行财务经济活动,拥有独立的资产负债表和个人账户。

第三十七条　付费教育活动

1.在以下情况下,国家职业教育机构有权按照与法人和自然人签订的合同实施付费教学活动:

(1)超出土库曼斯坦国家财政资金支持的相应职业教育大纲招生计划指标。

(2)进行非全日制或函授教育形式学习。

(3)为获取相应职业教育等级第二学历教育。

2.国家教育机构在拥有相应许可证的条件下,有权向居民、企业、机构和组织提供其他付费教育服务。

3.本条第1和第2项指出的国家教育机构付费教育活动的收入,根据章程规定进行使用。

教育服务不能取代土库曼斯坦国家财政资金拨款的教育活动,否则通过此种活动获得的资金,将被没收并归土库曼斯坦国家财政所有。

4.非国有教育机构向学习者收取教育服务费用。

此类教育机构付费教育活动获得的收入,如将全部费用用于保障教育活动(包括工资)、发展及完善教育活动,则不被视为经营活动。

非国有教育机构与学习者及其父母(监护人)之间的关系由合同调节,合同中规定了教育等级、教育期限、学费金额、教育机构的保障和责任(包括以下情况:许可证暂停有效或废除、教育机构不符合国家标准认证、教育机构停止教学活动等)。

5.教育机构有权根据土库曼斯坦法律,进行经营活动以及其他获得收入的活动。

6.获得收入的个人教育活动视为经营活动,须根据土库曼斯坦法律进行注册。

第三十八条　教育贷款

1.土库曼斯坦为在土库曼斯坦及国外相应教育机构接受职业教育大纲学习的公民提供国家教育贷款扶持。

2.教育贷款是专用款项,由土库曼斯坦银行和其他贷款机构向考入职业教育机构(不取决于教育机构所有制形式及教育形式)的公民提供。

3.教育贷款可用于支付就读于职业教育机构的全部或部分学费(基本教育贷款),支付居住、饮食、购买教学书籍和科学书籍等费用,以及满足其他学习期间的日常需求(附加教育贷款)。

4.国家教育贷款扶持额度及提供程序,由土库曼斯坦中央银行确定。

第三十九条　教育机构物质基础

1. 根据教育机构的所有制形式,物质基础可以是机构的财产,也可以是名义上对机构的全权经济管理权、有效管理权、租用权或其他名义使用权。

2. 教育机构对所有者的机构设施承担维护和有效使用的责任。

3. 仅在土库曼斯坦法律允许下,可以没收、征用教育机构拥有的财产。

4. 教育机构拥有的国家财产,所有者可以按照土库曼斯坦法律规定的程序和条件进行出租。

5. 拥有财产所有权的教育机构,有权成为财产出租者。

6. 由国家教育机构负责业务管理的生产和社会基础设施,包括用于教学、生产、社会文化的楼房,教师住房及学生宿舍,医学教育机构的临床基地,不能被私有化(非国有化)。

7. 教育机构创立者应根据其权利,保障物质基础的更新及发展,并充分考虑对教育水平和质量的要求,保障日常教学条件。为此教育机构须提供必要的物质资源和资金投入。

8. 对于蓄意造成教育机构物质基础缩减或恶化的行为,依照土库曼斯坦法律规定承担责任。

第八章　实现公民受教育权的社会保障

第四十条　学生享有的权利和社会支持

1. 教育机构内学生的权利和义务,由本法、教育机构的标准条例和章程确立。

2. 土库曼斯坦公民享有依照本法和土库曼斯坦其他法律法规的规定,选择教育机构和受教育形式的权利。

3. 所有教育机构的学生都有权按照国家教育标准接受教育,有权接受额外的(包括付费的)教育服务,以及拥有免费使用国家教育机构内的教材和教学参考资料的权利。

4. 无论教育机构是何种所有制形式,教育机构里通过国家毕业考核的学生,都有权平等地进入下一阶段的教育机构学习。

5. 国家教育机构里的学生,依照土库曼斯坦法律规定的程序,享有奖学金保障、寄宿服务保障及其他形式的社会支持。

6. 土库曼斯坦公民在完成普通教育及首次通过竞赛掌握相应程度的技能教育后,可享有在国家教育机构免费学习的权利。

7. 在职业教育机构内以非全日制或函授形式接受教育的学生,有权依照土库曼斯坦法律规定的程序享有优惠政策。

8. 教育机构包括职业教育机构在健全的国家保障体系下,承担孤儿和无父母(监护人)照顾儿童的抚养和教育工作,直到他们年满 24 岁为止。

9. 为无法在公共教育体系内完成学业的残障儿童成立特殊(康复)教育机构(或班

级、小组)，保障他们接受治疗、教育的权利，培养他们适应社会的能力和融入社会的能力。接收进入指定教育机构学习的学生和完全接受国家资助的学生名单，由土库曼斯坦内阁决定。

10.禁止在没有征得学生及其家长(监护人)同意的情况下，迫使学生参与教育大纲外的工作劳动。

11.禁止强迫学生加入任何社会政治团体、政党，禁止强迫学生参与任何政治活动和宣传鼓动活动。

12.如果教育行为对某学生不起作用，该生在该教育机构继续接受教育会对他人造成负面影响，甚至影响教育机构的正常运作，该生已满16岁，教育机构有权将其开除。在参考被开除学生家长(监护人)意见，并征得青少年委员会同意后，由国家教育部门权力机构做出开除学生的决定，青少年委员会评定该学生后续教育和未来就业形式。

对孤儿和无父母(监护人)照顾儿童的开除决定，还需要取得其监护机构的同意，并由监护机构决定其后续教育和未来就业形式。

第四十一条　对学生生命和健康的保护

1.教育机构为保障学生生命安全和健康成长创造条件。

国家教育部门和教育机构参考卫生领域的授权机构的建议制订学生学习和课外作业量，以及课程安排。

2.对于需要长期治疗的儿童，应为其建立康复教育机构，其中包括疗养类型的机构。对于此类儿童的教学，可在家中或疗养机构进行。

3.教育机构内的教学人员应定期参加用人单位提供的免费体检。

4.学生的医疗服务由卫生领域的授权机构提供，教育机构应为医护人员提供符合相应条件的医疗场所。

5.教育机构的课程安排，应提供足够的课间休息时间。

6.按照土库曼斯坦法律和教育机构章程，由教育机构负责人承担为学生的学习、劳作、休息创造必要条件的责任。

第四十二条　未成年学生的家长(监护人)的权利和义务

1.未成年学生的家长(监护人)有责任教育未成年学生，关心他们的健康、发展和学习，培养他们热爱劳动、遵守法律、尊重土库曼民族历史和文化传统的优秀品质，使他们形成良好的民族观和价值观。

2.未成年学生的家长(监护人)有权选择孩子接受教育的形式和教育机构，保障未成年人的合法权益，并有权参与教育机构的活动，直至未成年学生完成普通中等义务教育。

3.未成年学生的家长(监护人)应确保未成年学生接受普通中等义务教育。

4.未成年学生的家长(监护人)应满足教育机构章程的规定。

5.按照土库曼斯坦法律，未成年学生的家长(监护人)承担抚养、教育未成年学生的责任。

第九章　教育工作者

第四十三条　对教育工作者的定义及其地位

1.教育工作者,是指在与教育、培养学生相关的教育机构和实施教学计划的其他组织内从事教育、教学活动人员的总称。拥有学位、学术职称的高等学校教育工作者,被定义为科学教育工作者。

2.国家承认教育工作者拥有特殊的社会地位,并为其从事教育活动创造条件。

第四十四条　从事教育活动

1.具有相应师范教育和职业教育资格的人,有权在教育机构从事教育活动。

2.为实施本法第八条第 3 项规定的普通教育大纲,教育工作者须满足以下最低业务资质:

(1)学前教育:幼儿教师——拥有高等学校师范专业颁发的专家学位证书(学士学位证书)。

(2)初等教育:小学教师——拥有高等学校师范专业颁发的专家学位证书(学士学位证书)。

(3)基础中等教育和普通中等教育:学科教师——拥有高校师范专业或师范院校颁发的学士学位证书(专家学位证书),或拥有相应的人文、数学和自然科学学士学位证书(专家学位证书)且完成高校师范专业的辅修课程。

3.为实施本法第八条第 4 项规定的职业教育大纲,教育工作者须满足以下最低业务资质:

(1)初等职业教育:专业学科教师——拥有中等职业学校相关专业中等职业教育毕业证,且完成高等学校师范专业的辅修课程,并有至少三年相关工作经验。

(2)中等职业教育:专业学科教师——拥有相关专业专家学位证书,或拥有相关方向学士学位证书且完成高等学校师范专业辅修课程,并有至少三年相关工作经验。

(3)高等职业教育:教师——拥有高等学校师范专业颁发的硕士学位证书(专家学位证书),或拥有高等学校非师范专业硕士学位证书(专家学位证书)且完成高等学校师范专业的辅修课程,拥有专家学位证书,并有至少三年相关工作经验。

4.教育机构内教育工作者岗位定编定员及任职条件,按照土库曼斯坦的法律确定。

5.有既往病史、法院判决、某些类型犯罪前科者不能从事教育机构内教育活动,禁止从事教育活动的相关疾病和犯罪行为种类清单,由土库曼斯坦内阁确定。

6.国家公职人员可以按照土库曼斯坦法律兼职从事教育活动。

7.按照土库曼斯坦劳动法,从事教育活动人员有以下情形不得继续从事相关工作:由于能力不足,影响教学进度,不能胜任所从事职位;应聘职位落选;做出与教育精神相悖的不道德行为;违反土库曼斯坦劳动法和教育机构章程的其他要求。

第四十五条　教育工作者的权利和义务

1.教育工作者享有的权利:国家为其职业活动提供条件;可独立从事教育活动;维护其职业尊严和荣誉;进行培训,提升技能;可优惠使用教学方法文献资料和科学文献资料;对在教育活动和培养青少年过程中所取得的成就享有物质和精神奖励。

2.定向委派到乡镇及农村教育机构的教育工作者,国家按照土库曼斯坦法律保障其社会和生活条件,并按照土库曼斯坦法律为其发放工资、津贴。

3.教育工作者应履行的义务:不断完善自身专业知识和提升自身教学能力;尊重学生和学生的家长(监护人),尊重同事;展现高水平的教学能力,保证学生掌握国家规定的基础教育知识;为学生的个人发展和创造力提升提供条件;恪守职业道德。

教学人员严禁在教学过程中利用其教师身份有政治目的地鼓动学生做出违反土库曼斯坦宪法规定的行为。

第四十六条　教育体系内的劳动关系

1.教育工作者和教育机构间的劳动关系,由土库曼斯坦劳动法确定。

2.根据国家教育机构相关部门举办的招聘活动结果,同应聘职业教育机构的教育岗位者签订定期劳务合同。

3.教育机构的教育工作者每周工作时长不得超过 36 小时。

教育工作者兼职的工作特性,要符合土库曼斯坦劳动法,由土库曼斯坦内阁批准的兼职工作条例确定。

4.按照土库曼斯坦劳动法规定,教育工作者和教育机构负责人每年有 45 个日历日的带薪年假。按照惯例,年假一般安排在暑期,无须考虑入职时间。

5.对于在教学活动和科研工作中具有建树的教育工作者,可根据学术委员会的相关建议,在符合土库曼斯坦劳动法的条件下,给予其学术假期,学术假期用来编写教材和教辅资料、完成应考学位论文,在此期间教育机构应为其保留职位和基本工资。

6.教育工作者的工资应按其劳动合同规定的职责履行程度进行支付。

职称等级取决于教育工作者的业务技能水平,工作内容的复杂性和压力程度,以及工作条件、工作强度和工作质量。

职称等级和工龄按国家教育机构相关部门规定的程序确定。

7.对于在所有类型教育机构、企业、机构和组织中从事教育活动的工作者,应根据其学历学位和职称发放津贴,发放程序和金额由土库曼斯坦内阁确定。

第十章　教育领域内的国际活动

第四十七条　国际合作

1.教育领域的国际合作,要符合土库曼斯坦法律和土库曼斯坦签署的国际条约。

2.国家教育机构通过分析、预测目前世界在教育培养青少年方面的发展形势和国际关系,实施教育领域的国际合作,旨在学习和推广先进教学经验,为专业人才培养建立有效联系。

国家教育管理机构和教育机构,可以按照土库曼斯坦内阁确立的程序,直接同外国实施不同教育大纲的企业、机构和组织构建联系。

3.土库曼族但非土库曼斯坦公民,享有同土库曼斯坦公民同等的、在国家教育机构接受教育的权利。

4.土库曼斯坦按照土库曼斯坦签署的国际条约规定的程序,通过帮助培养教育人才、提供土库曼语教学文献等方式,为生活在国外的土库曼斯坦公民提供教育援助。

5.外国公民在土库曼斯坦教育机构接受教育,同土库曼斯坦公民在外国教育机构接受教育一样,通过与以法人或自然人身份同教育机构直接签订合同的方式实现,同时应遵循本法、其他法律条款及土库曼斯坦签署的国际条约的规定。

6.外国公民、无国籍人士、获得土库曼斯坦永久居住权的公民在土库曼斯坦教育机构接受教育,应遵照本法、其他法律条款、土库曼斯坦签署的国际条约的规定。

7.外国教育机构(及其分部)和联合办学机构在土库曼斯坦境内的组织和运行,须遵照本法和土库曼斯坦签署的国际条约的规定。

8.对外国教育证书和学位学历证书在土库曼斯坦境内有效性的承认,应遵循土库曼斯坦法律和签署的国际条约。

第四十八条　对外经济活动

国家教育部门和教育机构有权遵照土库曼斯坦法律确立的程序,独立实行对外经济活动。

第十一章　尾　则

第四十九条　违反土库曼斯坦教育法的责任

违反土库曼斯坦教育法的行为,要承担土库曼斯坦法律规定的相关责任。

第五十条　相关生效时间

1.本法自 2013 年 9 月 1 日起生效,本条规定的部分条例其他生效期除外。

2.本法中所涉及的普通中等教育阶段教育大纲相关条款,自 2014—2015 学年开始生效。

3.本法中所涉及的高等职业教育(本科、硕士阶段)大纲相关条款,根据需求自具体教育阶段实施之年起开始生效。

4.本法中第四十四条第 2 项的第(1)目内容,自学前教育机构低年级教师接受高等职业教育之年起开始生效。

5.从本法生效之日起,调整教育领域关系的相关法律文件,应在不违反本法或土库曼斯坦其他法律文件的范围内进行应用实施。

6.为依据本法开展教育活动,之前发放的开展教育活动的相关许可,应于 2016 年 1 月 1 日之前进行重新办理。

7.土库曼斯坦国民议会于 2009 年 8 月 15 日颁布的土库曼斯坦教育法(土库曼斯坦议会公报,2009 年,第 3 号)失效。

土库曼斯坦总统

库尔班古力·米亚利克古利耶维奇·别尔德穆哈梅多夫

2013 年 5 月 4 日,阿什哈巴德市

塔吉克斯坦

3.《塔吉克斯坦高等和研究生职业教育法》(2003年)。

四、教育现状的区域比较

(1)在2004—2005学年,独联体(CIS)国家的学生数减少了2%～7%,而塔吉克斯坦则增加了13000名学生,增长了1%。

(2)俄罗斯10～11(12)年级学生人数减少了190000人,哈萨克斯坦减少了33000人,吉尔吉斯斯坦减少了9000人,阿塞拜疆减少了7000人,摩尔多瓦减少了2500人。白俄罗斯和格鲁吉亚分别减少了3000人和4000人。塔吉克斯坦的高中毕业生数量则增加了14000人。

(3)普通学校中,全日制学生占的比例仍然很高。其中,哈萨克斯坦、吉尔吉斯斯坦和塔吉克斯坦全日制学生占学生总数的36%～43%。

(4)在阿塞拜疆、亚美尼亚、白俄罗斯、摩尔多瓦、俄罗斯和乌克兰,接受过高等教育的教师比例占教师总数的80%～87%,格鲁吉亚、哈萨克斯坦、吉尔吉斯斯坦为71%～75%,塔吉克斯坦的比例仅为59%。

五、教育体系分析与发展趋势

(一)国家现状

塔吉克斯坦独立后不久,爆发了长达五年(1992—1997年)的内战,引发了严重的经济危机和政治动荡,造成了巨大的人员伤亡和严重的财产损失。大多数劳动人口,包括高素质的专家,都暂时或永久地移居到其他国家,这导致国家对合格的专业人才有着迫切的需求。

1997年,塔吉克斯坦签署"和平协定"后,国家政治相对稳定,经济指标也有所提升。"减贫战略文件"指出,对塔吉克斯坦而言,不同发展问题的解决方案复杂多样,且存在严峻的挑战和风险。当时,国家正处于从冲突后的恢复阶段转向解决经济转型长期面临的问题的新阶段。为提高公共服务的质量与公共支出的管理效率和效益,国家开始对包括国有企业在内的公共部门进行体制改革。

塔吉克斯坦存在许多对教育发展不利的因素,这些因素导致塔吉克斯坦实现千年发展目标和全纳教育目标存在诸多困难。在过去,国家教育制度已经较为成功地为所有公民提供了基础教育,并为教育部门的高层官员提供了基本的培训,但苏联的解体以及随后的财政津贴匮乏,加之内战带来的毁灭性后果,严重破坏了塔吉克斯坦国家教育体系。这些因素限制了素质教育的实施,也不利于教育部门设定的其他目标的实现。具体而言,这些限制因素包括:

(1)与其他中亚国家相比,塔吉克斯坦人口增长率较高。在2001年,塔吉克斯坦的平均年龄为22.8岁,其中46%的人口都是儿童和青少年,即学龄人口。如果说持续增长的儿童和青少年人口的教育需求必须予以满足的话,那么其增长形成的教育系统多样化的需求也应迅速满足。

（2）持续不断的移民导致教育部门人才的大量流失。调查显示，大多数从本国移民出去的人员都是来自教育、科学、文化和医学等公共服务部门的专家（人数是工程师和技术工人外出移民人数的6倍）。此外，移民也带来了其他负面影响，如对儿童成长关注的下降及单亲家庭（主要指没有父亲的家庭，占36.6%）对儿童抚养的困难。当生存成为家庭的主要问题时，儿童教育问题便成为次要问题。调查显示，只有30%的移民将收入投入在子女教育方面。

（3）资金投入不足。在2004年，教育公共支出的比例占国内生产总值的3.2%，占公共预算的17.1%。统计显示，考虑人口因素，为了满足维持和提高塔吉克斯坦教育系统的最低需求，教育平均年度预算应达到国内生产总值的6%，而2000—2005年的实际教育支出水平仅从2.3%上升到3.5%。

（4）学习条件恶劣。目前塔吉克斯坦的学习条件，如学校建筑、设施、教师水平和教科书的质量都很差，且在不断恶化。由于战争、维修不力和资金匮乏，大部分学校的基础设施（主要是设备和材料）都十分陈旧。

（5）解决教育体系管理和规划问题的方法陈旧。塔吉克斯坦的教育部门在各级管理和规划方面的能力非常薄弱。目前，教育部门面临三个主要问题：缺乏理性、精简的决策过程；在政策制定和系统管理方面的能力低下；对教育机构的教学成果和成效的评估不足。

上述因素所产生的负面影响，导致教育的基本指标（如各级教育入学率和教育质量）恶化，而这些基本指标的下降反过来又会导致学生总数和出勤率的下降，以及辍学率的提升。塔吉克斯坦是世界上少数几个20～30岁人群的受教育水平低于40岁以上人群的国家之一。导致学生入学率下降的主要原因是贫困。普通中等教育（10～11年级）的性别差异不断扩大。学校出勤率不断下滑，而实际数字远低于官方数据。此外，教育系统还面临着一些新的挑战，如确保公民对民族和文化的认同，推进民主社会进程，发展人力资源以应对市场经济中的激烈竞争，以及加强国防安全。

塔吉克斯坦千年发展目标的评估报告指出，普通中等教育领域要实现以下目标：

（1）恢复学校基础设施，包括让学校获得清洁的饮用水，集中供暖，分别设立男、女卫生间。

（2）为学生提供教科书。

（3）为贫困学生提供在学校就餐的机会。

（4）在全国范围内建设新学校。

（5）对中学教师进行培训和再培训。

（6）拟定和制定教育大纲和课程。

（7）增加教师工资。

（8）引入规范的（人均）学校资助。

为了于2015年之前在全国范围内实现普及普通中等教育和经济增长的目标，塔吉克斯坦政府针对千年发展目标的需求评估通过了以下标准：2015年，每年GDP增长率至少为 5%。在年平均增长率至少 5% 的情况下，到 2015 年实现实际人均 GDP 达到 361 美元。为了加快减贫的速度，国家必须进一步提高经济增长的速度。在年均 GDP 增长达到 7% 时，2015 年的人均实际 GDP 应达到 442 美元。千年发展目标报告指出，塔吉克斯坦未来需要大力提升教育支出。千年发展目标文件为实现普通中等教育的千年发展目标提供了四种可选方案。

(二)问题分析

以下几个具体问题影响塔吉克斯坦教育发展，在制定教育系统发展政策和战略时，需要加以考虑。

1.教育系统的管理

塔吉克斯坦现存教育系统的管理在本质上是国家宪法范畴内的国家公共事务。《塔吉克斯坦共和国教育法》及其他法案条例规范教育系统运行。教育部及其他组织机构在教育方面的任务和权力已在《塔吉克斯坦共和国教育法》的第三章（第二十三至三十七条）中明确表述，但现行的教育管理法律法规并不能保证教育系统的成功运行。当前，公共教育管理体制在很大程度上未得到改革，仍是苏联高度集中的计划经济体制的遗留。由于缺乏资源，旧体制的优点已经丧失。在塔吉克斯坦，教育仍由政府主导，非政府和私营机构的参与程度甚微。

现行法律未能明确教育体系管理机构的相关职能，这导致决策和责任分配的过度重叠。现行法律也没有规定社会、社区、受益者和教育系统用户的角色和作用。因此，想要全面解决教育体系覆盖、学生出勤和留级学生等问题，就必须提高社区在教育管理和教育过程中的参与度。权力下放必须成为教育管理和资源分配的关键举措之一，而这一举措又需要建立一套适当的法律和责任控制机制。

另一个重要问题是，教育机构需要更大程度的自主权和独立权去解决教育系统内部问题和寻找创新性的长效解决方案。目前，教育领域几乎所有的职能都集中在政府层面，无论集中在中央政府还是地方政府，这都会导致跨层次之间的职能重叠，从而限制教育机构主动承担其应有的责任。此外，还需要确保初等教育、普通中等教育、中等职业教育和高等职业教育的紧密联系。同时有必要对授予教育机构更大自主权的规范和规则进行详细说明，尤其是财政独立权。

教育系统的成功管理与否，在较大程度上取决于相关的、及时的以及真实的信息能否被获得及有效使用。如果没有先进和有效的管理信息系统，就不可能成功地实施管理职能。根据国际专家对教育部门的评估，塔吉克斯坦教育系统的信息基础极为薄弱，教育部在教育管理信息方面需要大量的投资，以提升管理能力。

迄今为止，在改革进程中，教育系统管理的改革还未得到太多的关注。然而，如果具体的教育质量目标能够有效实施，那么这种改革也是实现战略目标的必要条件。

2.教育体系的机会与平等

在过去十年间，塔吉克斯坦的教育系统和职业教育面临着严峻的挑战，教育系统的主要指标不断恶化。出勤率的下降,入学率性别差距的上升,获得基础教育障碍的增加,这些标志着塔吉克斯坦大部分人口获得教育的机会逐渐减少。

(1)学前教育

在过去十年中,塔吉克斯坦学前教育机构的数量大幅减少。学前教育情况恶化的主要原因是国家对学前教育的公共财政拨款的急剧减少。学前教育机构的关闭导致学前教育覆盖率大幅度下降。这一情况在农村地区尤为严重,超过75%的农村人口受到影响。此外,父母缺乏优质的学前教育文化,把对孩子的学前教育责任视为国家的责任。

目前,全国有100多万学龄前儿童。2004年,学前教育机构仅覆盖了大约6%的学龄前儿童。由于父母不能支付基本的费用,贫困家庭儿童的出勤率大幅下降。学前教育机构也面临着缺乏教学骨干、学习和教学辅助、特殊设备、玩具、餐饮和医疗服务的问题。因此,塔吉克斯坦政府需要通过以低成本创造新形式的学前教育机构来扩大服务。教育部和联合国儿童基金会于2004年开展的对儿童及其母亲的相关调查显示,许多父母(母亲)对儿童早期需求的了解十分有限。因此,让家长在家庭中为子女提供积极的学习环境,也成为在国内推行学前教育的一种必要手段。

(2)普通初等教育

与其他中亚国家相比,塔吉克斯坦的人口增长迅速。在过去十年中,平均家庭规模从5.7人增加到7.1人,一个家庭中的平均儿童数是4.2人。在2001年,塔吉克斯坦有3110所农村学校(占学校总数的85%以上),其中在校生数量为1134627人(占学生总数的73%),任职教师77971人(超过教师总数量的77%)。农村学校依赖于区域(地方)而不是全国,且以各自的经济能力为基础而运作。这一趋势很有利。特定区域和州有很大的不同,尤其是在人口的经济水平和贫困程度方面,因此,需要采取本地化战略来解决当地具体的教育问题。根据千年发展目标需求评估报告,在2005—2015年,普通中等教育系统中的学生人数约增加40%。这一人口预测意味着,在不久的将来,学校系统将面临巨大的人口压力,这也将使资源不足、教育系统基础设施恶化等相关问题进一步加剧。为了满足这种增长的需求,国家需要大量的财政投资。

除了上述人口问题外,目前还存在学校出勤率和入学率下降的问题。出勤率通常反映学校系统的入学情况和所提供的教育质量。2003年塔吉克斯坦生活标准调查(TLSS)显示,目前全国普通中等教育机构的入学率为88%。然而,由于各种原因,未接受基础教育的儿童数量随人口的日益增长也呈现上升趋势。相关贫困水平评估的数据显示,2003年在城市和居住区,4年级以上应受教育的男孩失学率达到6%,女孩则达到18%,农村男孩和女孩的失学率分别为4%和7%。调查显示,入学率的性别差距有所增加,2003年辍学的女孩人数是男孩的两倍,而在城市中,这一指标则为三倍。性别不平衡主要发生在中学的高年级,其中女孩的总入学率从1991年的49%下降到2001年的38%。高等教育的情况也基本如此。

有多种原因导致学校出勤率下降,尤其是女孩的出勤率问题。其中一个主要原因是贫困人口增加,家庭无法承担衣服、鞋子、教科书等支出——尽管普通基础教育是免费的。学校的物质条件差,如学校供暖以及电力供应等缺乏,这些都是导致儿童不去上学的原因。调查显示,冬季缺乏足够的供暖会严重影响出勤率。"减贫战略文件"指出,有 1845 所学校(约占全国所有教育机构的 56%)都没有配备供暖系统。这些学校均位于农村地区。国际移民组织和非政府组织最近开展的一项研究表明,2003 年有超过72%的儿童参与了棉花采摘,每年的工作时间为 30~60 天。这是棉花种植区儿童出勤率低的一个特定原因。在农村地区(尤其是山区),交通问题是导致入学率下降的重要原因之一。为了全面了解学校的辍学情况,有必要进行更加详细的研究。

尽管在塔吉克斯坦有许多机构可以照顾有特殊需要的儿童,如孤儿院和残疾儿童学校,但这些机构因为资金匮乏和人力资源短缺,近乎关闭或运行不力。

3. 教育质量及其相关内容

2002 年,对全国四年级学生学习成绩进行监测,结果显示,大多数学生的知识水平未达到国家教育标准。塔吉克斯坦教育部对普通中等教育课程和教学计划进行了两次审查和改进,但是由于教育部缺乏资金和能力不足,这些目标未能被系统地引入教育体系中。

以下几个因素导致国家教育系统教育水平低下。

(1)学前教育入学和学习的缺失降低了学生对正规学校课程的理解程度。低年级学生的学习能力主要取决于学前教育情况,如果缺乏相应的教育,则会对学生的学习成绩产生负面影响。

(2)教育质量主要取决于教学质量和教师培训。如果教师不能积极参与培训,教育改革就不可能取得成功。在过去十年中,移民问题导致塔吉克斯坦不幸失去了许多受过培训的骨干教师。这一问题十分复杂,因为目前为止小学教师的平均工资仍低于本国的人均收入。尽管政府已采取措施提高工资,但教师工资水平仍低于其他部门。

(3)想要提高教育质量,就需要为教育系统引入创新模式。同时,如远程教学、移动课堂和多年级学习等特殊教学策略以及与这些教学策略相关的教学法,已经在其他国家实践成功,这些策略和方法可能对塔吉克斯坦更有意义。

(4)当前教育系统可获得的资源总体水平较差,如教科书、教学材料以及图书资料等都不利于提高教育质量。

(5)普通学校的环境对教育质量有直接影响。一个安全有利的学校环境是成功学习的关键条件。教室数量、学校内的设施数量、干净的饮用水、卫生系统等都是直接影响教育质量的因素,尤其是对于农村地区而言。

(6)如果学校想要运行良好,那么每个学校自身就应当被视为一个独立的机构。在塔吉克斯坦,学校并没有被赋予足够的自主权,仅仅是整个教育系统的一部分。每一所学校甚至没有独立的法律地位。在这种情况下,学校很难启动和实施创新项目,也很难利用最有效的方式在本地区推行最新的改革实验,如人均资助法。校长在学校创新等方面具有关键性作用,校长的领导力影响着学校运行的质量。

(7)持续监督各级教育质量至关重要。目前的教育体系中缺少一个有效的学习水平评估和监测系统。教育部需要可靠的、明确的信息,帮助其衡量不同学校和地区的教育成果。目前,尚未有监督不同层次教育质量标准的、系统的制度和机制。

4. 人力资源

人力资源仍是教育系统的关键要素。没有教育工作者、科学工作者、管理者的教育教学过程是无法想象的。塔吉克斯坦教育部门的人员配备受到经济危机、内战以及过渡时期困难的不利影响。这些动荡、不确定性,以及收入水平的下降,共同导致合格的教师、教务人员以及其他工作人员从教育机构迁移到其他领域,从而造成了教育领域的重大"人才流失"。由于教师的工资低、工作条件差,以及教师的社会地位低下等,年轻毕业生很少进入教育界。上述因素共同导致教育部门合格人才的大量缺失。

遗憾的是,目前还没有对整个教育系统中合格的骨干人员以及这些骨干人员在不同地区和机构轮换的准确数字进行全面统计,也没有对教育系统中不同领域和职能的工作人员能力和专业技能水平的评估数据。在教育部门实施任何人力资源规划之前,首先应当对部门人力资源的具体情况进行普查,并建立一个相应的基准线。

国家统计分析显示,在 2003—2004 学年,普通教育学校有 103174 名教师,其中 63963 名受过高等教育,4801 名未完成高等教育,22897 名受过中专教育,9843 人仅接受过普通中等教育。一般而言,30％以上的小学教师只有普通中等教育水平。教育部的数据显示,在普通中等教育体系(1～11 年级)中,按照平均 1.5 个教学工作量计算,当前仍存在 10700 人的教师缺口,这一缺口需通过新的规则满足。

除了上述人力资源问题之外,教育系统内从业人员的能力也存在问题。整个教育系统的有效管理能力仍然受到教育部的限制。如果学校被视为独立自主的机构,那么学校管理者或校长的能力也需要予以提升。塔吉克斯坦没有社区和家长参与学校教育的传统,"家校合作协会"能够提高学校和家长参与学校教育合作的意识和能力。此外,人力资源配置方面还存在一些其他问题,如管理人员的轮岗、合格教育人员地区分布不均、缺乏高质量的师资培训,等等。

5. 财政资源和财务管理

尽管塔吉克斯坦政府在审查经济部门的资金优先事项方面采取了一些措施,但教育部门的财政状况依然面临艰巨的挑战。

财政资源和财务管理的相关问题如下:

(1)"过渡性教育制度"需要额外的财政资源和相应的财务管理制度。目前,教育系统资金来源没有合理的结构。在国家和地方政府层面的预算、区域和学校功能与财务的管理、私营机构的投资等方面,全部成本估算的应用等问题都必须进一步发展为财政框架的一部分。

(2)人力资源和教育设施投资的不足,导致不断增长的学生需求难以得到满足。这要求公共和私营机构以及教育服务使用者提供更多的投资。

（3）需要对私营机构和用户费用大量投入，从中期来看，政府支付教育系统发展和运行的费用是很困难的。尽管一些私营机构已经加入其中，但是仍有以下几个方面需要提高：

①服务的供应。

②提供教育赞助（设施、服务、奖学金）支持。

③以合法、透明的方式使用教育服务的用户费用、学费和外包费。

（4）缺乏规范性财务体系。部门类别预算是以订单方式形成的，这一方式能够解决输入和资金花销，而不是产出和绩效质量。当前需要在绩效的基础上，调整中期财政规划（和管理）的方法。正如当前的普通教育，增加的财政资源已经为这类预算提供了资金，但是增加的资源是否会对部门指标产生影响却不甚明了，如提高出勤率、质量、成就等。预算的教育份额稳步增长到了总支出的19.4%。与2000年的1750万美元相比，2005年的计划支出总额达到8230万美元。

（5）需要调整财务管理系统。随着资金的增加及将其管理下放到地区一级，中央、地区和学校必须使用现代化财务管理手段。这一变化（在中期阶段）需要一定的时间，同时也需要中央财政管理控制制度随之调整，同时还涉及对教育管理者的财务管理技术方面的培训。

管理权力的下放、教育机构的自主权和人均资金的使用，要求财政和其他管理制度也要相应改进，应用适合且有效的资金流动模型，以及进行各级人力资源的建设。

虽然教育部门的针对性资源已经大幅增加，教师薪金、资本投资和其他方面也取得了进步，但额外和持续的部门投资仍有大量需求无法得到满足。

（三）提高教育系统的持续改革和行动

1. 法律改革

在过去5年间（2000—2005年），塔吉克斯坦政府对教育制度进行了几项改革。塔吉克斯坦政府已采取了一些重要的立法措施，并试图重新定义教育领域的政策。这些改革的目的是更新教育制度，确保教育机会平等，解决教育中的性别问题，提高教育质量，并通过提高人口素质解决贫困问题。本文不对这些立法文件和法规的有效性做出评估。

2. 政策改革

在塔吉克斯坦法律法规的基础上，相关部门已经制定了完善教育制度的公共政策。一些重要的战略性政策文件，如《2000年全民教育评估国家报告》《减贫战略文件（2002年）》《塔吉克斯坦共和国国家教育理念（2002年）》等政策文件已经准备就绪，并已得到政府批准。2004年，塔吉克斯坦政府已经实施了2004—2009年教育体系改革计划，这一计划旨在优化教育系统。2005年，千年发展目标需求评估报告为包括教育在内的各个部门做好了改革准备。

3. 教育体系改革

在过去 5 年里,教育部进行了一定程度的重组工作。根据"公共部门改革战略",政府设想重组包括教育部在内的重要部门,在机构改革的第一阶段,就对教育部正在开展的活动进行了一些改革。

根据《2004—2009 年度教育制度改革实施方案》(2004 年 6 月 30 日,第 291 号政府令),自 2005 年 1 月起,5 个试点地区的普通基础学校的管理和财务结构已经开始变革,包括测试(人均)资金标准。政府通过了授予塔吉克斯坦国立大学自治权的决议。塔吉克斯坦的私立教育机构日益增加,已成为国内正规教育体系的组成部分。

4. 国家计划、专项计划和项目

在过去的 5 年里,塔吉克斯坦政府通过了 10 个国家项目、5 个国家计划和若干个教育项目,这些项目将在未来的 5～10 年实施。这些项目的目标是:实现教育系统的现代化,提高教育和人员培训的质量,改进教学过程,解决性别差距问题,实现全民教育、千年发展目标、减贫战略文件等目标。这些项目中有不到 50% 的资源来自本地资源,其余的由外部捐助者贡献。因此,未来在真正的外部援助参与的情况下,教育部门改革方面可能会取得一定进展。

5. 财政改革

在过去 3 年里,为了帮助教育部门推进普通中等教育(1～11 年级),塔吉克斯坦政府在审查财务框架的有限事项方面取得了长足进展。这些改革的法律框架包括:

(1)2001 年 12 月 30 日,第 585 号政府令,为正在接受普通初等教育的贫困家庭子女支付补助金。该法令的目的是帮助扩大 7～15 岁学生获得教育的机会。每一季度有 25% 的贫困家庭通过学校获得补助金。每个家庭至多有两名学生能够获得补助金。补助金来自欧盟的预算支持。

(2)2004 年 6 月 30 日,第 291 号政府令,2004—2009 年教育制度改革实施方案。该法令规定,普通教育的教师工作量每周增加到 16～18 小时;调整普通中等教育课程和减少学习时间;普通中等教育教师的工资增加 25%,教育职工总数减少 5%;开展 2004—2009 年教育行动计划。根据这项法令,教育部和财政部在试点基础上起草了关于普通教育机构的人均财务说明。

(3)2004 年 12 月 31 日,第 550 号政府令,塔吉克斯坦国家预算不允许与不同预算类别之间的预算进行资金转移。这些规定及未来的一些措施能够保护资金不被转移。

根据上述法律规定,政府已尝试调整教师数量、课程容量和教师工资,同时引入人均资助手段来改善财政状况。但是,记录和汇总私人投资(以学费等形式)的问题以及这种趋势的有效性问题仍然存在。

6. 资源流动

塔吉克斯坦政府向来重视教育发展所需的物力、人力、财力和社会资源的流动。总统始终关心教育系统,并在资源流动方面提出了许多理念,尽可能地调动内部和外部资源进入教育领域。

但是,塔吉克斯坦的石油等自然资源贫瘠,人口压力大,导致塔吉克斯坦提高当地财政资源以满足教育部门需求的进程举步维艰。同时,塔吉克斯坦还是一个处于经济转型中的国家。所有这些因素都增加了塔吉克斯坦政府调动资源的负担,这也使资源调动成为国家优先事项之一。

塔吉克斯坦教育发展战略计划
(2005—2015 年)

一、前进之路:塔吉克斯坦教育制度发展愿景

塔吉克斯坦政府将教育作为国家优先事项之一,希望能够建立一个与国际标准同步的、运行良好且稳定的教育体系。塔吉克斯坦教育系统的发展愿景是,为本国公民建立一个能让所有儿童和青少年获得优质普通教育的教育体系。具体而言,在当前背景和已知困难条件下要实现以下需求:

(1)建立与国家当前需要和不断变化的与全球背景相适应的教育制度。

(2)教育部门从完全集中的国家管理体制转变为不同层次共同参与的治理与管理体制,这一改革能够让更多的私营机构、社会部门和社区参与教育。

(3)在不同类型的教育子系统(如初等、中等、高等和职业教育)之间建立明晰的内部联系,并在每个子系统中建立相应的质量监督系统。

(4)调动资源(人力、物力、财力和社会资源)推动教育体系发展,确保有足够的机构和人力资源对上述资源进行有效管理。

(5)确保农村地区的儿童、残疾儿童、有特殊天赋的儿童享有平等接受教育的机会,确保各级教育的性别平等。

塔吉克斯坦政府在教育方面的优先事项是为所有儿童提供普通中等教育。财政资源和投入将视情况进行相应的定向分配。

基于上述愿景,教育部阐述了明确的任务宣言:确保高效地提供教育服务,为所有人提供优质的教育。这一宣言为将要制定的五个战略目标明确了方向,并将指导塔吉克斯坦教育部门的发展。每一个目标在《塔吉克斯坦共和国教育制度十年发展战略计划(2006—2015 年)》的框架下都有更为具体的战略目标。而且,具体的《中期行动计划(2006—2010 年)》对上述目标和实现这些目标的活动进行了优先排序。

为改善塔吉克斯坦的教育现状,必须采取全面的教育制度改革和发展措施。

二、塔吉克斯坦教育部任务宣言:确保高效地提高教育服务,为所有人提供优质的教育

(一)战略目标

(1)提高教育系统的管理水平和绩效以提供优质教育服务。

(2)通过加强权力下放、社区参与、机构及人力资源建设等,提高教育制度的有效性。

(3)确保各级教育服务质量,并符合世界全纳教育目标和千年发展目标。

(4)确保基础教育的机会公平,并保证所有公民能够优先选择其他层次的教育。

(5)改善教育体系的基础设施、物质基础和教育技术。

(二)风险因素

(1)财力不足。

(2)高速增长的人口数量和不断增长的教育服务需求。

(3)大多数人口处于贫困之中。

(4)教育问题决策过程中,社区参与度较低。

(5)失业和劳动力移民。

(6)地区发展不平衡。

(三)战略目标及任务

1.目标1:提高教育系统的管理水平和绩效以提供优质教育服务

(1)简化教育部和区域管理机构的组织结构和决策过程,使其更具实质性。

(2)提高财政资源的分配和管理效率。

(3)建立综合财务管理信息系统(FMIS)。

(4)重点关注不同群体、教育机构和地区的财政资源的公平分配,特别是人均资金的进一步实施。

(5)为实现提升各级教育质量的战略目标,调动财政资源和战略计划的投资,使受教育者为成为现代化的劳动力做好准备,并为塔吉克斯坦社会发展做出贡献。

(6)在教育部建立教育管理信息系统。

2.目标2:通过加强权力下放、社区参与、机构及人力资源建设等,提高教育制度的有效性

(1)启动教育部和区域管理机构工作人员能力建设计划。

(2)启动校领导管理能力建设计划,并明确自治学校的新角色和职能。

(3)通过社区信息系统建立监测学校绩效和教育成果的系统。

3.目标3:确保各级教育服务质量,并符合世界全纳教育目标和千年发展目标

(1)更新国家标准、课程、教科书和教学手册的内容。

(2)确保教学人员的职前和在职培训,以及教育系统工作人员的培训。

(3)在教育过程中引入新的技术和方法。

(4)监督和评估教育质量和学习成绩。

4.目标4:确保基础教育的机会公平,并保证所有公民能够优先选择其他层次的教育

(1)根据减贫战略文件,为教育机会受限的儿童提供支持。

(2)确保分阶段引入学校毕业生国家标准测试(SST)。

(3)确保教育体系中的性别平等。

(4)创造条件确保农村地区的儿童有公平的受教育机会。

(5)监督和评估教育入学公平取得的成绩。

5.目标5:改善教育体系的基础设施、物质基础和教育技术

(1)监测每个地区的基础设施、物质基础和教育技术的基本情况。

(2)根据人口增长和明确的区域优先事项,发展教育基础设施,包括利用学校规划图来优化投资和分配有限的资源。

(3)建立安全友好的儿童健康学习环境(如提供照明、暖气、饮用水、卫生服务等)。

(四)战略目标的策略

1.目标1:提高教育系统的管理水平和绩效以提供优质教育服务

(1)简化教育部和区域管理机构的组织结构和决策过程,使其更具实质性。

①起草相关法律和规章制度,建立教育自治机构和财政独立机制。

②改革教育部、区域管理机构和部门机构的结构。整合学校管理机构、社区和家长参与制度。

③对教育系统管理中现有人员的相关性进行必要的评估,以完善新结构的功能性。

④设计并引入教育管理人员的绩效评估系统。

(2)提高财政资源的分配和管理效率。

①简化教育财政资源的管理,使资金来源及其使用之间的联系更为直接。

②提高中央和地方层面的财务管理能力,从而实现以绩效为导向的高效资金管理。在这种情况下,教育机构在中央或地方层面具有更多的财务自主权。

③允许学校将部分资金预算分配给自身。

④将普通小学和中学的教育财政和资源提供确立为国家优先事项。

⑤建立不同机制以吸引各种资金,将资源投入各级教育中。

⑥就非政府教育机构和私人投资进入教育体系的税收优惠问题,向塔吉克斯坦共和国议会提交修改税法的提案。

⑦审查在已有税务上增加教育税的可能性。

⑧批准"有偿教育服务"条例,制定透明的私营机构参与支付和提供教育服务的管理体制,包括根据政府的认证、标准进一步建立私立教育机构,并建立透明的学费、使用费和服务费制度,积极促进私营机构参与和支持各类教育。

⑨进一步探索超出当前试点地区的人均资金使用情况。确保建立公平的分配制度,降低贫困率和缩小区域差距,确保人均资金制度简单透明。

⑩建立部门内部及部门之间薪酬一致的新的教育系统人员劳动支付制度。

⑪平衡学前教育机构工作人员的薪酬。

⑫在接受普通学校教育的基础上,审查利用公共和私人资金为5~6岁儿童进行学前培训的可能性。

⑬起草高等教育学生信用制度的法律依据。

⑭加强政府与捐助团体之间的合作。

（3）建立综合财务管理信息系统。

①在各级教育中，制定关于包括外部预算在内的资金分配与使用的国家统计报告体系。

②制订关于在教育系统中分阶段引入综合财务管理信息系统的计划。

③致力于将发展普通中等教育和为全纳教育提供财政与资源支持确立为国家优先发展事项。

④政府提供相应的服务和资金，以实现长效的教育目标，通过建立和实现教育标准，为适当数量的学生提供服务。

⑤以有效的方式、最低限度的支出，实现部门战略目标，减少中央和学校之间的财务管理层，使资金来源及其使用有更直接的联系。

（4）重点关注不同群体、教育机构和地区的财政资源的公平分配，特别是人均资金的进一步实施。

①根据透明和公平的原则，为需要帮助的学生提供所需资源和获得外部资金，促进教育公平。

②根据政府的相关认证要求及标准，为私营机构参与教育支付和提供教育服务建立透明机制，包括允许私营机构的进一步发展，同时建立关于学费、使用费及服务费的相关透明机制。

③通过独立教育机构自治权和财政独立的专题文章，完善教育法及其他法律条款。

（5）为实现提升各级教育质量的战略目标，调动财政资源和战略计划的投资，使受教育者为成为现代化的劳动力做好准备，并为塔吉克斯坦社会发展做出贡献。

①制定与国家优先事项一致的战略及其内外部融资策略，具体如下：

- 发展普通中等教育。
- 发展农村学校。
- 更新教育内容（如国家标准、课程、教科书、教学手册）。
- 教师的职前培训、再培训及在职培训。
- 扩大信息交流技术和培训办法的使用范围。

②加强私营机构、家长和社区参与教育体系融资。

（6）在教育部建立教育管理信息系统。

①完善教育法及有关使用先进信息技术可能性的相关法律，同时提高电子信息的可靠性。

②建立教育部非正式门户网站，连接学校并向公众推广。

③安排家长、非政府组织、社区参与门户网站的讨论。

④制定教育管理信息系统电子文件发行条例。

⑤建立并整合各级教育管理数据的专用软件。

⑥制定评估包括财政资金等资源管理绩效的指标。

⑦制订提高公共关系的计划,以提升公众对教育部门监督结果和教育部门绩效的关注。

⑧由于部门绩效和成果取决于质量、效率和公平,故应当制定财政资源管理的监督条例。

⑨根据规定进行监督。

⑩制定包括财政资金在内的评估绩效和资源管理绩效的指标体系,根据资金分配和部门指标实施监测。确定财政投资方(政府和捐助者)是否对指标产生影响。

⑪建立能够进行基本科学合作和连接高等教育网络的本地管理信息系统(MIS)。

⑫在教育部建立各级教育计算机合作网。

2.目标2:通过加强权力下放、社区参与、机构及人力资源建设等,提高教育制度的有效性

(1)启动教育部和区域管理机构工作人员能力建设计划。

①制订管理机构人力资源开发计划。

②起草各级管理人员在职培训和再培训条例。

③完善各级绩效考核制度。

④开发管理人员的在职培训和再培训课程体系。

⑤设置管理人员在职培训和再培训课程。

(2)启动校领导管理能力建设计划,并明确自治学校的新角色和职能。

①为教育机构管理方面的负责人和地方资源管理方面的负责人设计培训课程。

②制定相关管理制度,使学校和其他教育机构有能力筹集资金。

③尝试学校和社区参与的资源调动和学校管理的新方法。

(3)通过社区信息系统建立监测学校绩效和教育成果的系统。

①制定由非政府组织参与的教育管理系统,实施自我监督的规定。

②制定绩效评估和资源管理绩效的考核指标,包括对学校财政的评估,根据财政拨款和共同部门的指标监测学校绩效,确定资金投入是否对指标产生影响。

③向公众和所有教育管理机构报告监督结果。

④由非政府机构、家长和社区共同参与,对教育系统的管理效率实行监督。

3.目标3:确保各级教育服务质量,并符合世界全纳教育目标和千年发展目标

(1)更新国家标准、课程、教科书和教学手册的内容。

①根据政府的千年发展目标,起草塔吉克斯坦教育补充法,将国内外资源集中用于达成目标。

②为学前培养和教育制定国家标准。

③审查小学、中学和高等职业教育的国家标准及其内部联系,以及所有教育系统的标准和课程的改革。

④制定符合国家标准要求,并能指导教学的课程框架。

⑤建立国家教材编制和出版中心。

⑥根据需要制订教科书出版计划,编制教学方法(包括语言指导)手册。

⑦制定规章制度,将学分制逐渐引入高等教育体制。

⑧建立针对5～6岁儿童学前教育的理念。

⑨制订全纳教育计划,并将其纳入高等学校课程教学中。

⑩以国家文化和历史传统以及世界文化成果为基础,培养儿童和青少年的国家理念。

⑪根据劳动力市场需求和经济发展制订专家培训计划。

(2)确保教学人员的职前和在职培训,以及教育系统工作人员的培训。

①根据塔吉克斯坦政府2004年1月10日下发的第425号法令,确保对教育人员进行培训。

②为教学人员、其他教育人员与国际组织和非政府组织等制定各种形式和类型的在职培训相关条例。

③为没有教学经验的教师制订在职培训计划。

④为教授2～3个科目的教师制订职前和在职培训计划。

⑤为家长制订关于幼儿和学龄前儿童照顾、抚养和教育的计划。

⑥增设塔吉克斯坦荣誉法,授予做出杰出贡献的教师塔吉克斯坦"人民教师"的荣誉称号。

⑦起草并通过教师地位法。

⑧在国立高等学校设立专门的在职培训部门。

⑨建立派遣教师出国深造的资助制度。

⑩制定吸引青年专家进入教育机构的激励机制。

⑪为对居住在塔吉克斯坦的少数民族高等师范学校的教师实施年度教师培训而制订计划。

(3)在教育过程中引入新的技术和方法。

①制定将学分制引进高等教育机构的法律。

②建立为教育研究和引进信息交流技术的持续性课程。

③建立连接教育设备网络的计算机中心。

④制定关于使用新的信息技术和创新教学方法以及将上述方法普及化的方案。

⑤在2005—2007年,实施小学和中等学校计算机化计划,并在2015年前制订新的计划。

⑥制定远程教育的法律依据。

⑦制订一个全面分阶段引进远程学习技术的计划。

⑧在教育部建立服务于协调所有方法的科学方法论中心,同时引进新的技术。

⑨为师范类和其他高等教育机构配备计算机。

⑩制订高等教育机构计算机化的国家计划。

⑪为有天赋的儿童和青少年提供特定资助。

(4)监督和评估教育质量和学习成绩。

①起草关于确定各级教育质量和学习成果评估标准的法规文件。

②明确各级教育中所有课程的学习成果,并在中央和地方对其进行监督。

③在教育学研究机构建立用于发展和提高质量评估标准的教研室。

④建立独立的国家教育质量评估中心(测试中心)。

⑤为提高教育质量,家长和教师协会(PTA)、教师以及当地社区应共同参与监督。

⑥对学习结果进行监督。

4.目标 4:确保基础教育的机会公平,并保证所有公民能够优先选择其他层次的教育

(1)根据减贫战略文件,为教育机会受限的儿童提供支持。

①完善国家对有特殊需要的儿童、孤儿、贫困儿童以及教育机会受到限制的儿童的支持计划,以便能够为这些儿童群体提供相应的教育资源。

②通过建立孤儿和弱势群体的配额,确保其获得接受小学、中学和职业教育的机会。

③根据国家、社会、文化和人口特征,在 2010 年以前制定区域性学前教育发展方案。

④根据国家、社会、文化和人口特征,在 2010 年以前制定全国普通中等教育发展区域方案,包括开发校本课程。

⑤根据在学前教育机构儿童短期(2~4 小时)停留的情况,为学前教育制订具有成本效益的国家计划。

(2)确保分阶段引入学校毕业生国家标准测试。

①制定国家标准测试的规章制度和法律框架。

②为国家标准测试开发一套工具。

③制订分阶段引入国家标准的计划。

(3)确保教育体系中的性别平等。

①制订农村女童接受初等、中等以及高等教育的全面计划。

②教育部门与国家电视台和广播电视委员会共同筹备关于性别平等以及接受教育重要性的节目。

③确保课程内容和教师态度没有性别歧视。

④教育部门应制定实施塔吉克斯坦《国家保障男女的平等权利及其实现自我的平等机会》(第 89 号政府令,2005 年 8 月 1 日版)的相关机制。

⑤确保能为生活在农村地区的女童提供职业教育,同时确保提供市场急需的劳动技能培训。

⑥加强《刑法典》(Criminal Code)、《民法典》(Civil Code)中关于父母履行《塔吉克斯坦共和国教育法》中有关国家义务教育的相关法律责任。

⑦修改塔吉克斯坦的"普通义务服兵役"的相关法律规定,其中为了确保21岁以下的青少年能够获得专业教育,初等职业教育学习期间的学生可免除服兵役。

(4)创造条件确保农村地区的儿童有公平的受教育机会。

①在2015年之前,根据每一地区的具体情况,制定农村学校发展方案。

②在2015年之前,根据每一地区的具体情况,制定初等职业教育发展方案。

③根据每一区域和地区的发展前景,制定建立还是撤销小学的方案。

④制定关于农村地区地方政府和社区参与组织农村地区季节性幼儿园的国家方案。

⑤在地方一级,为即将在农村工作的青年教师制定私人住宅建设的信贷分配担保制度。

⑥在农村学校开发园艺农场发展项目。

(5)监督和评估教育入学公平取得的成绩。

①制定定性和定量评估教育机会平等和财政资源及其他资源有效使用的指标。将教育类别与成本挂钩,并确定测量绩效和成果的指标,以确保资源的有效运用,使管理者或教师更加关注结果。

②开发监测教育机会的系统,并建立向系统参与者、家长以及社区传递信息的渠道。

③国家统计报告将监测教育机会平等的主要指标引入教育系统。

④确保对全社会开放监测结果。

5. 目标5：改善教育体系的基础设施、物质基础和教育技术

(1)监测每个地区的基础设施、物质基础和教育技术的基本情况。

①制定检查教育组织的基础设施、物质基础和教育技术的方案。政府、捐助者和社区应共同努力实施该方案。

②制定相应的指标体系和监督体系。

③创建监控结果数据库。

④对基础设施、物质基础和教育技术的状态定期进行监测。

(2)根据人口增长和明确的区域优先事项,发展教育基础设施,包括利用学校规划图来优化投资和分配有限的资源。

①制定区域性基础设施发展方案,包括学校规划重新建构、修复和新建施工的优先事项和成本,并且要遵循监测实施进程的标准和指标。

②修改关于扩大吸引私人和国际投资用于发展教育组织的基础设施、物质基础和教育技术的方案。

③为每个地区制订相应的投资计划。

④根据每个地区的人口统计,包括社区和私营机构的参与情况,制订为学生提供上学机会的区域性计划。

(3)建立安全友好的儿童健康学习环境。

①制定关于教育机构健康安全的技术方案。

②制定能够为学校定期提供能源和供暖的方案。

③为创造有利的学习环境,应制定调动和使用财政预算外资源(私人和公共资源)的机制。

④对分阶段恢复和改善学生宿舍条件进行预算。

⑤制订并实施艾滋病预防计划。

附　录

推动共建丝绸之路经济带
和 21 世纪海上丝绸之路的愿景与行动

国家发展改革委　　外交部　　商务部
（经国务院授权发布）
2015 年 3 月 28 日

前　言

2000 多年前,亚欧大陆上勤劳勇敢的人民,探索出多条连接亚欧非几大文明的贸易和人文交流通路,后人将其统称为"丝绸之路"。千百年来,"和平合作、开放包容、互学互鉴、互利共赢"的丝绸之路精神薪火相传,推进了人类文明进步,是促进沿线各国繁荣发展的重要纽带,是东西方交流合作的象征,是世界各国共有的历史文化遗产。

进入 21 世纪,在以和平、发展、合作、共赢为主题的新时代,面对复苏乏力的全球经济形势,纷繁复杂的国际和地区局面,传承和弘扬丝绸之路精神更显重要和珍贵。

2013 年 9 月和 10 月,中国国家主席习近平在出访中亚和东南亚国家期间,先后提出共建"丝绸之路经济带"和"21 世纪海上丝绸之路"(以下简称"一带一路")的重大倡议,得到国际社会高度关注。中国国务院总理李克强参加 2013 年中国-东盟博览会时强调,铺就面向东盟的海上丝绸之路,打造带动腹地发展的战略支点。加快"一带一路"建设,有利于促进沿线各国经济繁荣与区域经济合作,加强不同文明交流互鉴,促进世界和平发展,是一项造福世界各国人民的伟大事业。

"一带一路"建设是一项系统工程,要坚持共商、共建、共享原则,积极推进沿线国家发展战略的相互对接。为推进实施"一带一路"重大倡议,让古丝绸之路焕发新的生机活力,以新的形式使亚欧非各国联系更加紧密,互利合作迈向新的历史高度,中国政府特制定并发布《推动共建丝绸之路经济带和 21 世纪海上丝绸之路的愿景与行动》。

一、时代背景

当今世界正发生复杂深刻的变化,国际金融危机深层次影响继续显现,世界经济缓慢复苏、发展分化,国际投资贸易格局和多边投资贸易规则酝酿深刻调整,各国面临的发展问题依然严峻。共建"一带一路"顺应世界多极化、经济全球化、文化多样化、社会信息化的潮流,秉持开放的区域合作精神,致力于维护全球自由贸易体系和开放型世界经济。共建"一带一路"旨在促进经济要素有序自由流动、资源高效配置和市场深度融合,推动沿线各国实现经济政策协调,开展更大范围、更高水平、更深层次的区域合作,共同打造开放、包容、均衡、普惠的区域经济合作架构。共建"一带一路"符合国际社会的根本利益,彰显人类社会共同理想和美好追求,是国际合作以及全球治理新模式的积极探索,将为世界和平发展增添新的正能量。

共建"一带一路"致力于亚欧非大陆及附近海洋的互联互通,建立和加强沿线各国互联互通伙伴关系,构建全方位、多层次、复合型的互联互通网络,实现沿线各国多元、自主、平衡、可持续的发展。"一带一路"的互联互通项目将推动沿线各国发展战略的对接与耦合,发掘区域内市场的潜力,促进投资和消费,创造需求和就业,增进沿线各国人民的人文交流与文明互鉴,让各国人民相逢相知、互信互敬,共享和谐、安宁、富裕的生活。

当前,中国经济和世界经济高度关联。中国将一以贯之地坚持对外开放的基本国策,构建全方位开放新格局,深度融入世界经济体系。推进"一带一路"建设既是中国扩大和深化对外开放的需要,也是加强和亚欧非及世界各国互利合作的需要,中国愿意在力所能及的范围内承担更多责任义务,为人类和平发展做出更大的贡献。

二、共建原则

恪守联合国宪章的宗旨和原则。遵守和平共处五项原则,即尊重各国主权和领土完整、互不侵犯、互不干涉内政、和平共处、平等互利。

坚持开放合作。"一带一路"相关的国家基于但不限于古代丝绸之路的范围,各国和国际、地区组织均可参与,让共建成果惠及更广泛的区域。

坚持和谐包容。倡导文明宽容,尊重各国发展道路和模式的选择,加强不同文明之间的对话,求同存异、兼容并蓄、和平共处、共生共荣。

坚持市场运作。遵循市场规律和国际通行规则,充分发挥市场在资源配置中的决定性作用和各类企业的主体作用,同时发挥好政府的作用。

坚持互利共赢。兼顾各方利益和关切,寻求利益契合点和合作最大公约数,体现各方智慧和创意,各施所长,各尽所能,把各方优势和潜力充分发挥出来。

三、框架思路

"一带一路"是促进共同发展、实现共同繁荣的合作共赢之路,是增进理解信任、加强全方位交流的和平友谊之路。中国政府倡议,秉持和平合作、开放包容、互学互鉴、互利共赢的理念,全方位推进务实合作,打造政治互信、经济融合、文化包容的利益共同体、命运共同体和责任共同体。

"一带一路"贯穿亚欧非大陆,一头是活跃的东亚经济圈,一头是发达的欧洲经济圈,中间广大腹地国家经济发展潜力巨大。丝绸之路经济带重点畅通中国经中亚、俄罗斯至欧洲(波罗的海);中国经中亚、西亚至波斯湾、地中海;中国至东南亚、南亚、印度洋。21世纪海上丝绸之路重点方向是从中国沿海港口过南海到印度洋,延伸至欧洲;从中国沿海港口过南海到南太平洋。

根据"一带一路"走向,陆上依托国际大通道,以沿线中心城市为支撑,以重点经贸产业园区为合作平台,共同打造新亚欧大陆桥、中蒙俄、中国-中亚-西亚、中国-中南半岛等国际经济合作走廊;海上以重点港口为节点,共同建设通畅安全高效的运输大通道。中巴、孟中印缅两个经济走廊与推进"一带一路"建设关联紧密,要进一步推动合作,取得更大进展。

"一带一路"建设是沿线各国开放合作的宏大经济愿景,需各国携手努力,朝着互利互惠、共同安全的目标相向而行。努力实现区域基础设施更加完善,安全高效的陆海空通道网络基本形成,互联互通达到新水平;投资贸易便利化水平进一步提升,高标准自由贸易区网络基本形成,经济联系更加紧密,政治互信更加深入;人文交流更加广泛深入,不同文明互鉴共荣,各国人民相知相交、和平友好。

四、合作重点

沿线各国资源禀赋各异,经济互补性较强,彼此合作潜力和空间很大。以政策沟通、设施联通、贸易畅通、资金融通、民心相通为主要内容,重点在以下方面加强合作。

政策沟通。加强政策沟通是"一带一路"建设的重要保障。加强政府间合作,积极构建多层次政府间宏观政策沟通交流机制,深化利益融合,促进政治互信,达成合作新共识。沿线各国可以就经济发展战略和对策进行充分交流对接,共同制定推进区域合作的规划和措施,协商解决合作中的问题,共同为务实合作及大型项目实施提供政策支持。

设施联通。基础设施互联互通是"一带一路"建设的优先领域。在尊重相关国家主权和安全关切的基础上,沿线国家宜加强基础设施建设规划、技术标准体系的对接,共同推进国际骨干通道建设,逐步形成连接亚洲各次区域以及亚欧非之间的基础设施网络。强化基础设施绿色低碳化建设和运营管理,在建设中充分考虑气候变化影响。

抓住交通基础设施的关键通道、关键节点和重点工程,优先打通缺失路段,畅通瓶颈路段,配套完善道路安全防护设施和交通管理设施设备,提升道路通达水平。推进建立统一的全程运输协调机制,促进国际通关、换装、多式联运有机衔接,逐步形成兼容规范的运输规则,实现国际运输便利化。推动口岸基础设施建设,畅通陆水联运通道,推进港口合作建设,增加海上航线和班次,加强海上物流信息化合作。拓展建立民航全面合作的平台和机制,加快提升航空基础设施水平。

加强能源基础设施互联互通合作,共同维护输油、输气管道等运输通道安全,推进跨境电力与输电通道建设,积极开展区域电网升级改造合作。

共同推进跨境光缆等通信干线网络建设,提高国际通信互联互通水平,畅通信息丝绸之路。加快推进双边跨境光缆等建设,规划建设洲际海底光缆项目,完善空中(卫星)

信息通道,扩大信息交流与合作。

贸易畅通。投资贸易合作是"一带一路"建设的重点内容。宜着力研究解决投资贸易便利化问题,消除投资和贸易壁垒,构建区域内和各国良好的营商环境,积极同沿线国家和地区共同商建自由贸易区,激发释放合作潜力,做大做好合作"蛋糕"。

沿线国家宜加强信息互换、监管互认、执法互助的海关合作,以及检验检疫、认证认可、标准计量、统计信息等方面的双多边合作,推动世界贸易组织《贸易便利化协定》生效和实施。改善边境口岸通关设施条件,加快边境口岸"单一窗口"建设,降低通关成本,提升通关能力。加强供应链安全与便利化合作,推进跨境监管程序协调,推动检验检疫证书国际互联网核查,开展"经认证的经营者"(AEO)互认。降低非关税壁垒,共同提高技术性贸易措施透明度,提高贸易自由化便利化水平。

拓宽贸易领域,优化贸易结构,挖掘贸易新增长点,促进贸易平衡。创新贸易方式,发展跨境电子商务等新的商业业态。建立健全服务贸易促进体系,巩固和扩大传统贸易,大力发展现代服务贸易。把投资和贸易有机结合起来,以投资带动贸易发展。

加快投资便利化进程,消除投资壁垒。加强双边投资保护协定、避免双重征税协定磋商,保护投资者的合法权益。

拓展相互投资领域,开展农林牧渔业、农机及农产品生产加工等领域深度合作,积极推进海水养殖、远洋渔业、水产品加工、海水淡化、海洋生物制药、海洋工程技术、环保产业和海上旅游等领域合作。加大煤炭、油气、金属矿产等传统能源资源勘探开发合作,积极推动水电、核电、风电、太阳能等清洁、可再生能源合作,推进能源资源就地就近加工转化合作,形成能源资源合作上下游一体化产业链。加强能源资源深加工技术、装备与工程服务合作。

推动新兴产业合作,按照优势互补、互利共赢的原则,促进沿线国家加强在新一代信息技术、生物、新能源、新材料等新兴产业领域的深入合作,推动建立创业投资合作机制。

优化产业链分工布局,推动上下游产业链和关联产业协同发展,鼓励建立研发、生产和营销体系,提升区域产业配套能力和综合竞争力。扩大服务业相互开放,推动区域服务业加快发展。探索投资合作新模式,鼓励合作建设境外经贸合作区、跨境经济合作区等各类产业园区,促进产业集群发展。在投资贸易中突出生态文明理念,加强生态环境、生物多样性和应对气候变化合作,共建绿色丝绸之路。

中国欢迎各国企业来华投资。鼓励本国企业参与沿线国家基础设施建设和产业投资。促进企业按属地化原则经营管理,积极帮助当地发展经济、增加就业、改善民生,主动承担社会责任,严格保护生物多样性和生态环境。

资金融通。资金融通是"一带一路"建设的重要支撑。深化金融合作,推进亚洲货币稳定体系、投融资体系和信用体系建设。扩大沿线国家双边本币互换、结算的范围和规模。推动亚洲债券市场的开放和发展。共同推进亚洲基础设施投资银行、金砖国家开发银行筹建,有关各方就建立上海合作组织融资机构开展磋商。加快丝路基金组建运营。深化中国-东盟银行联合体、上合组织银行联合体务实合作，以银团贷款、银行授信等方式开展多边金融合作。支持沿线国家政府和信用等级较高的企业以及金融机构在中国境内发行人民币债券。符合条件的中国境内金融机构和企业可以在境外发行人民币债券和外币债券，鼓励在沿线国家使用所筹资金。

加强金融监管合作，推动签署双边监管合作谅解备忘录，逐步在区域内建立高效监管协调机制。完善风险应对和危机处置制度安排，构建区域性金融风险预警系统，形成应对跨境风险和危机处置的交流合作机制。加强征信管理部门、征信机构和评级机构之间的跨境交流与合作。充分发挥丝路基金以及各国主权基金作用，引导商业性股权投资基金和社会资金共同参与"一带一路"重点项目建设。

民心相通。民心相通是"一带一路"建设的社会根基。传承和弘扬丝绸之路友好合作精神，广泛开展文化交流、学术往来、人才交流合作、媒体合作、青年和妇女交往、志愿者服务等，为深化双多边合作奠定坚实的民意基础。

扩大相互间留学生规模，开展合作办学，中国每年向沿线国家提供1万个政府奖学金名额。沿线国家间互办文化年、艺术节、电影节、电视周和图书展等活动，合作开展广播影视剧精品创作及翻译，联合申请世界文化遗产，共同开展世界遗产的联合保护工作。深化沿线国家间人才交流合作。

加强旅游合作，扩大旅游规模，互办旅游推广周、宣传月等活动，联合打造具有丝绸之路特色的国际精品旅游线路和旅游产品，提高沿线各国游客签证便利化水平。推动21世纪海上丝绸之路邮轮旅游合作。积极开展体育交流活动，支持沿线国家申办重大国际体育赛事。

强化与周边国家在传染病疫情信息沟通、防治技术交流、专业人才培养等方面的合作，提高合作处理突发公共卫生事件的能力。为有关国家提供医疗援助和应急医疗救助，在妇幼健康、残疾人康复以及艾滋病、结核、疟疾等主要传染病领域开展务实合作，扩大在传统医药领域的合作。

加强科技合作，共建联合实验室（研究中心）、国际技术转移中心、海上合作中心，促进科技人员交流，合作开展重大科技攻关，共同提升科技创新能力。

整合现有资源，积极开拓和推进与沿线国家在青年就业、创业培训、职业技能开发、社会保障管理服务、公共行政管理等共同关心领域的务实合作。

充分发挥政党、议会交往的桥梁作用，加强沿线国家之间立法机构、主要党派和政治组织的友好往来。开展城市交流合作，欢迎沿线国家重要城市之间互结友好城市，以人文交流为重点，突出务实合作，形成更多鲜活的合作范例。欢迎沿线国家智库之间开展联合研究、合作举办论坛等。

加强沿线国家民间组织的交流合作，重点面向基层民众，广泛开展教育医疗、减贫开发、生物多样性和生态环保等各类公益慈善活动，促进沿线贫困地区生产生活条件改善。加强文化传媒的国际交流合作，积极利用网络平台，运用新媒体工具，塑造和谐友好的文化生态和舆论环境。

五、合作机制

当前，世界经济融合加速发展，区域合作方兴未艾。积极利用现有双多边合作机制，推动"一带一路"建设，促进区域合作蓬勃发展。

加强双边合作，开展多层次、多渠道沟通磋商，推动双边关系全面发展。推动签署合作备忘录或合作规划，建设一批双边合作示范。建立完善双边联合工作机制，研究推进"一带一路"建设的实施方案、行动路线图。充分发挥现有联委会、混委会、协委会、指导委员会、管理委员会等双边机制作用，协调推动合作项目实施。

强化多边合作机制作用，发挥上海合作组织（SCO）、中国-东盟"10＋1"、亚太经合组织（APEC）、亚欧会议（ASEM）、亚洲合作对话（ACD）、亚信会议（CICA）、中阿合作论坛、中国-海合会战略对话、大湄公河次区域（GMS）经济合作、中亚区域经济合作（CAREC）等现有多边合作机制作用，相关国家加强沟通，让更多国家和地区参与"一带一路"建设。

继续发挥沿线各国区域、次区域相关国际论坛、展会以及博鳌亚洲论坛、中国-东盟博览会、中国-亚欧博览会、欧亚经济论坛、中国国际投资贸易洽谈会，以及中国-南亚博览会、中国-阿拉伯博览会、中国西部国际博览会、中国-俄罗斯博览会、前海合作论坛等平台的建设性作用。支持沿线国家地方、民间挖掘"一带一路"历史文化遗产，联合举办专项投资、贸易、文化交流活动，办好丝绸之路（敦煌）国际文化博览会、丝绸之路国际电影节和图书展。倡议建立"一带一路"国际高峰论坛。

六、中国各地方开放态势

推进"一带一路"建设，中国将充分发挥国内各地区比较优势，实行更加积极主动的开放战略，加强东中西互动合作，全面提升开放型经济水平。

西北、东北地区。发挥新疆独特的区位优势和向西开放重要窗口作用，深化与中亚、南亚、西亚等国家交流合作，形成丝绸之路经济带上重要的交通枢纽、商贸物流和文化科教中心，打造丝绸之路经济带核心区。发挥陕西、甘肃综合经济文化和宁夏、青海民族人文优势，打造西安内陆型改革开放新高地，加快兰州、西宁开发开放，推进宁夏内陆开放型经济试验区建设，形成面向中亚、南亚、西亚国家的通道、商贸物流枢纽、重要产业和人文交流基地。发挥内蒙古联通俄蒙的区位优势，完善黑龙江对俄铁路通道和区域铁路网，以及黑龙江、吉林、辽宁与俄远东地区陆海联运合作，推进构建北京—莫斯科欧亚高速运输走廊，建设向北开放的重要窗口。

西南地区。发挥广西与东盟国家陆海相邻的独特优势，加快北部湾经济区和珠江—西江经济带开放发展，构建面向东盟区域的国际通道，打造西南、中南地区开放发展新的战略支点，形成21世纪海上丝绸之路与丝绸之路经济带有机衔接的重要门户。发挥云南区位优势，推进与周边国家的国际运输通道建设，打造大湄公河次区域经济合作新高地，建设成为面向南亚、东南亚的辐射中心。推进西藏与尼泊尔等国家边境贸易和旅游文化合作。

沿海和港澳台地区。利用长三角、珠三角、海峡西岸、环渤海等经济区开放程度高、经济实力强、辐射带动作用大的优势，加快推进中国（上海）自由贸易试验区建设，支持福建建设21世纪海上丝绸之路核心区。充分发挥深圳前海、广州南沙、珠海横琴、福建平潭等开放合作区作用，深化与港澳台合作，打造粤港澳大湾区。推进浙江海洋经济发展示范区、福建海峡蓝色经济试验区和舟山群岛新区建设，加大海南国际旅游岛开发开放力度。加强上海、天津、宁波-舟山、广州、深圳、湛江、汕头、青岛、烟台、大连、福州、厦门、泉州、海口、三亚等沿海城市港口建设，强化上海、广州等国际枢纽机场功能。以扩大开放倒逼深层次改革，创新开放型经济体制机制，加大科技创新力度，形成参与和引领国际合作竞争新优势，成为"一带一路"特别是21世纪海上丝绸之路建设的排头兵和主力军。发挥海外侨胞以及香港、澳门特别行政区独特优势作用，积极参与和助力"一带一路"建设。为台湾地区参与"一带一路"建设做出妥善安排。

内陆地区。利用内陆纵深广阔、人力资源丰富、产业基础较好优势，依托长江中游城市群、成渝城市群、中原城市群、呼包鄂榆城市群、哈长城市群等重点区域，推动区域互动合作和产业集聚发展，打造重庆西部开发开放重要支撑和成都、郑州、武汉、长沙、南昌、合肥等内陆开放型经济高地。加快推动长江中上游地区和俄罗斯伏尔加河沿岸联邦区的合作。建立中欧通道铁路运输、口岸通关协调机制，打造"中欧班列"品牌，建设沟通境内外、连接东中西的运输通道。支持郑州、西安等内陆城市建设航空港、国际陆港，加强内陆口岸与沿海、沿边口岸通关合作，开展跨境贸易电子商务服务试点。优化海关特殊监管区域布局，创新加工贸易模式，深化与沿线国家的产业合作。

七、中国积极行动

一年多来，中国政府积极推动"一带一路"建设，加强与沿线国家的沟通磋商，推动与沿线国家的务实合作，实施了一系列政策措施，努力收获早期成果。

高层引领推动。习近平主席、李克强总理等国家领导人先后出访20多个国家，出席加强互联互通伙伴关系对话会、中阿合作论坛第六届部长级会议，就双边关系和地区发展问题，多次与有关国家元首和政府首脑进行会晤，深入阐释"一带一路"的深刻内涵和积极意义，就共建"一带一路"达成广泛共识。

签署合作框架。与部分国家签署了共建"一带一路"合作备忘录，与一些毗邻国家签署了地区合作和边境合作的备忘录以及经贸合作中长期发展规划。研究编制与一些毗邻国家的地区合作规划纲要。

推动项目建设。加强与沿线有关国家的沟通磋商，在基础设施互联互通、产业投资、资源开发、经贸合作、金融合作、人文交流、生态保护、海上合作等领域，推进了一批条件成熟的重点合作项目。

完善政策措施。中国政府统筹国内各种资源，强化政策支持。推动亚洲基础设施投资银行筹建，发起设立丝路基金，强化中国-欧亚经济合作基金投资功能。推动银行卡清算机构开展跨境清算业务和支付机构开展跨境支付业务。积极推进投资贸易便利化,推进区域通关一体化改革。

发挥平台作用。各地成功举办了一系列以"一带一路"为主题的国际峰会、论坛、研讨会、博览会,对增进理解、凝聚共识、深化合作发挥了重要作用。

八、共创美好未来

共建"一带一路"是中国的倡议,也是中国与沿线国家的共同愿望。站在新的起点上,中国愿与沿线国家一道,以共建"一带一路"为契机,平等协商,兼顾各方利益,反映各方诉求,携手推动更大范围、更高水平、更深层次的大开放、大交流、大融合。"一带一路"建设是开放的、包容的,欢迎世界各国和国际、地区组织积极参与。

共建"一带一路"的途径是以目标协调、政策沟通为主,不刻意追求一致性,可高度灵活,富有弹性,是多元开放的合作进程。中国愿与沿线国家一道,不断充实完善"一带一路"的合作内容和方式,共同制定时间表、路线图,积极对接沿线国家发展和区域合作规划。

中国愿与沿线国家一道,在既有双多边和区域次区域合作机制框架下,通过合作研究、论坛展会、人员培训、交流访问等多种形式,促进沿线国家对共建"一带一路"内涵、目标、任务等方面的进一步理解和认同。

中国愿与沿线国家一道,稳步推进示范项目建设,共同确定一批能够照顾双多边利益的项目,对各方认可、条件成熟的项目抓紧启动实施,争取早日开花结果。

"一带一路"是一条互尊互信之路,一条合作共赢之路,一条文明互鉴之路。只要沿线各国和衷共济、相向而行,就一定能够谱写建设丝绸之路经济带和 21 世纪海上丝绸之路的新篇章,让沿线各国人民共享"一带一路"共建成果。

教育部关于印发
《推进共建"一带一路"教育行动》的通知

教外〔2016〕46 号

各省、自治区、直辖市教育厅（教委），各计划单列市教育局，新疆生产建设兵团教育局，部属各高等学校，部内各司局、各直属单位：

　　为贯彻落实中办、国办《关于做好新时期教育对外开放工作的若干意见》和国家发展改革委、外交部、商务部经国务院授权发布的《推动共建丝绸之路经济带和 21 世纪海上丝绸之路的愿景与行动》，我部牵头制订了《推进共建"一带一路"教育行动》，并已经国家教育体制改革领导小组会议审议通过。现印发给你们，请结合实际认真贯彻执行。

教育部

2016 年 7 月 13 日

推进共建"一带一路"教育行动

　　推进共建"丝绸之路经济带"和"21 世纪海上丝绸之路"（以下简称"一带一路"），为推动区域教育大开放、大交流、大融合提供了大契机。"一带一路"沿线国家教育加强合作、共同行动，既是共建"一带一路"的重要组成部分，又为共建"一带一路"提供人才支撑。中国愿与沿线国家一道，扩大人文交流，加强人才培养，共同开创教育美好明天。

一、教育使命

　　教育为国家富强、民族繁荣、人民幸福之本，在共建"一带一路"中具有基础性和先导性作用。教育交流为沿线各国民心相通架设桥梁，人才培养为沿线各国政策沟通、设施联通、贸易畅通、资金融通提供支撑。沿线各国唇齿相依，教育交流源远流长，教育合作前景广阔,大家携手发展教育,合力推进共建"一带一路",是造福沿线各国人民的伟大事业。

中国将一以贯之地坚持教育对外开放,深度融入世界教育改革发展潮流。推进"一带一路"教育共同繁荣,既是加强与沿线各国教育互利合作的需要,也是推进中国教育改革发展的需要,中国愿意在力所能及的范围内承担更多责任义务,为区域教育大发展做出更大的贡献。

二、合作愿景

沿线各国携起手来,增进理解、扩大开放、加强合作、互学互鉴,谋求共同利益、直面共同命运、勇担共同责任,聚力构建"一带一路"教育共同体,形成平等、包容、互惠、活跃的教育合作态势,促进区域教育发展,全面支撑共建"一带一路",共同致力于:

推进民心相通。开展更大范围、更高水平、更深层次的人文交流,不断推进沿线各国人民相知相亲。

提供人才支撑。培养大批共建"一带一路"急需人才,支持沿线各国实现政策互通、设施联通、贸易畅通、资金融通。

实现共同发展。推动教育深度合作、互学互鉴,携手促进沿线各国教育发展,全面提升区域教育影响力。

三、合作原则

育人为本,人文先行。加强合作育人,提高区域人口素质,为共建"一带一路"提供人才支撑。坚持人文交流先行,建立区域人文交流机制,搭建民心相通桥梁。

政府引导,民间主体。沿线国家政府加强沟通协调,整合多种资源,引导教育融合发展。发挥学校、企业及其他社会力量的主体作用,活跃教育合作局面,丰富教育交流内涵。

共商共建,开放合作。坚持沿线国家共商、共建、共享,推进各国教育发展规划相互衔接,实现沿线各国教育融通发展、互动发展。

和谐包容,互利共赢。加强不同文明之间的对话,寻求教育发展最佳契合点和教育合作最大公约数,促进沿线各国在教育领域互利互惠。

四、合作重点

沿线各国教育特色鲜明、资源丰富、互补性强、合作空间巨大。中国将以基础性、支撑性、引领性三方面举措为建议框架,开展三方面重点合作,对接沿线各国意愿,互鉴先进教育经验,共享优质教育资源,全面推动各国教育提速发展。

(一)开展教育互联互通合作

加强教育政策沟通。开展"一带一路"教育法律、政策协同研究,构建沿线各国教育政策信息交流通报机制,为沿线各国政府推进教育政策互通提供决策建议,为沿线各国学校和社会力量开展教育合作交流提供政策咨询。积极签署双边、多边和次区域教育合作框架协议,制定沿线各国教育合作交流国际公约,逐步疏通教育合作交流政策性瓶颈,实现学分互认、学位互授联授,协力推进教育共同体建设。

助力教育合作渠道畅通。推进"一带一路"国家间签证便利化,扩大教育领域合作交流,形成往来频繁、合作众多、交流活跃、关系密切的携手发展局面。鼓励有合作基础、相同研究课题和发展目标的学校缔结姊妹关系,逐步深化拓展教育合作交流。举办沿线国家校长论坛,推进学校间开展多层次多领域的务实合作。支持高等学校依托学科优势专业,建立产学研用结合的国际合作联合实验室(研究中心)、国际技术转移中心,共同应对经济发展、资源利用、生态保护等沿线各国面临的重大挑战与机遇。打造"一带一路"学术交流平台,吸引各国专家学者、青年学生开展研究和学术交流。推进"一带一路"优质教育资源共享。

促进沿线国家语言互通。研究构建语言互通协调机制,共同开发语言互通开放课程,逐步将沿线国家语言课程纳入各国学校教育课程体系。拓展政府间语言学习交换项目,联合培养、相互培养高层次语言人才。发挥外国语院校人才培养优势,推进基础教育多语种师资队伍建设和外语教育教学工作。扩大语言学习国家公派留学人员规模,倡导沿线各国与中国院校合作在华开办本国语言专业。支持更多社会力量助力孔子学院和孔子课堂建设,加强汉语教师和汉语教学志愿者队伍建设,全力满足沿线国家汉语学习需求。

推进沿线国家民心相通。鼓励沿线国家学者开展或合作开展中国课题研究,增进沿线各国对中国发展模式、国家政策、教育文化等各方面的理解。建设国别和区域研究基地,与对象国合作开展经济、政治、教育、文化等领域研究。逐步将理解教育课程、丝路文化遗产保护纳入沿线各国中小学教育课程体系,加强青少年对不同国家文化的理解。加强"丝绸之路"青少年交流,注重利用社会实践和志愿服务、文化体验、体育竞赛、创新创业活动和新媒体社交等途径,增进不同国家青少年对其他国家文化的理解。

推动学历学位认证标准连通。推动落实联合国教科文组织《亚太地区承认高等教育资历公约》,支持教科文组织建立世界范围学历互认机制,实现区域内双边多边学历学位关联互认。呼吁各国完善教育质量保障体系和认证机制,加快推进本国教育资历框架开发,助力各国学习者在不同种类和不同阶段教育之间进行转换,促进终身学习社会建设。共商共建区域性职业教育资历框架,逐步实现就业市场的从业标准一体化。探索建立沿线各国教师专业发展标准,促进教师流动。

(二)开展人才培养培训合作

实施"丝绸之路"留学推进计划。设立"丝绸之路"中国政府奖学金,为沿线各国专项培养行业领军人才和优秀技能人才。全面提升来华留学人才培养质量,把中国打造成为深受沿线各国学子欢迎的留学目的地国。以国家公派留学为引领,推动更多中国学生到沿线国家留学。坚持"出国留学和来华留学并重、公费留学和自费留学并重、扩大规模和提高质量并重、依法管理和完善服务并重、人才培养和发挥作用并重",完善全链条的留学人员管理服务体系,保障平安留学、健康留学、成功留学。

实施"丝绸之路"合作办学推进计划。有条件的中国高等学校开展境外办学要集中优势学科,选好合作契合点,做好前期论证工作,构建人才培养模式、运行管理模式、服务当地模式、公共关系模式,使学校顺利落地生根、开花结果。发挥政府引领、行业主导作用,促进高等学校、职业院校与行业企业深化产教融合。鼓励中国优质职业教育配合高铁、电信运营等行业企业走出去,探索开展多种形式的境外合作办学,合作设立职业院校、培训中心,合作开发教学资源和项目,开展多层次职业教育和培训,培养当地急需的各类"一带一路"建设者。整合资源,积极推进与沿线各国在青年就业培训等共同关心领域的务实合作。倡议沿线国家之间开展高水平合作办学。

实施"丝绸之路"师资培训推进计划。开展"丝绸之路"教师培训,加强先进教育经验交流,提升区域教育质量。加强"丝绸之路"教师交流,推动沿线各国校长交流访问、教师及管理人员交流研修,推进优质教育模式在沿线各国互学互鉴。大力推进沿线各国优质教学仪器设备、教材课件和整体教学解决方案输出,跟进教师培训工作,促进沿线各国教育资源和教学水平均衡发展。

实施"丝绸之路"人才联合培养推进计划。推进沿线国家间的研修访学活动。鼓励沿线各国高等学校在语言、交通运输、建筑、医学、能源、环境工程、水利工程、生物科学、海洋科学、生态保护、文化遗产保护等沿线国家发展急需的专业领域联合培养学生,推动联盟内或校际教育资源共享。

(三)共建丝路合作机制

加强"丝绸之路"人文交流高层磋商。开展沿线国家双边多边人文交流高层磋商,商定"一带一路"教育合作交流总体布局,协调推动沿线各国建立教育双边多边合作机制、教育质量保障协作机制和跨境教育市场监管协作机制,统筹推进"一带一路"教育共同行动。

充分发挥国际合作平台作用。发挥上海合作组织、东亚峰会、亚太经合组织、亚欧会议、亚洲相互协作与信任措施会议、中阿合作论坛、东南亚教育部长组织、中非合作论坛、中巴经济走廊、孟中印缅经济走廊、中蒙俄经济走廊等现有双边多边合作机制作用,增加教育合作的新内涵。借助联合国教科文组织等国际组织力量,推动沿线各国围绕实现世界教育发展目标形成协作机制。充分利用中国-东盟教育交流周、中日韩大学交流合作促进委员会、中阿大学校长论坛、中非高校 20＋20 合作计划、中日大学校长论坛、中韩大学校长论坛、中俄大学联盟等已有平台,开展务实教育合作交流。支持在共同区域、有合作基础、具备相同专业背景的学校组建联盟,不断延展教育务实合作平台。

实施"丝绸之路"教育援助计划。发挥教育援助在"一带一路"教育共同行动中的重要作用,逐步加大教育援助力度,重点投资于人、援助于人、惠及于人。发挥教育援助在"南南合作"中的重要作用,加大对沿线国家尤其是最不发达国家的支持力度。统筹利用国家、教育系统和民间资源,为沿线国家培养培训教师、学者和各类技能人才。积极开展优质教学仪器设备、整体教学方案、配套师资培训一体化援助。加强中国教育培训中心和教育援外基地建设。倡议各国建立政府引导、社会参与的多元化经费筹措机制,通过国家资助、社会融资、民间捐赠等渠道,拓宽教育经费来源,做大教育援助格局,实现教育共同发展。

开展"丝路金驼金帆"表彰工作。对于在"一带一路"教育合作交流和区域教育共同发展中做出杰出贡献、产生重要影响的国际人士、团队和组织给予表彰。

五、中国教育行动起来

中国倡导沿线各国建立教育共同体,聚力推进共建"一带一路",首先需要中国教育领域和社会各界率先垂范、积极行动。

加强协调推动。加强国内各部门各地方的统筹协调工作,有序开展"一带一路"教育合作交流。推动中国教育治理体系完善、相关法律法规修订和教育综合改革,提升中国开展"一带一路"教育行动的质量和水平。教育部与国家发展改革委、外交部、商务部等部门和全国性行业组织紧密配合,围绕共建"一带一路"大局,寻找合作重点、建立运行保障机制,畅通教育国际合作交流渠道,对接沿线各国教育发展战略规划。

地方重点推进。突出地方推进共建"一带一路"的主体性、支撑性和落地性,要求各地发挥区位优势和地方特色,抓紧制订本地教育和经济携手走出去行动计划,紧密对接国家总体布局。有序与沿线国家地方政府建立"友好省州""姊妹城市"关系,做好做实彼此间人文交流。充分利用地方调配资源优势,积极搭建海内外平台,促进校企优势互补、良性合作、共同发展。多措并举,支持指导本地教育系统与"一带一路"沿线国家广泛开展合作交流,打造教育合作交流区域高地,助力做强本地教育。

各级学校有序前行。各级各类学校秉承"己欲立而立人"的中国传统,有序与沿线各国学校扩大合作交流,整合优质资源走出去,选择优质资源引进来,兼容并包、互学互鉴,共同提升教育国际化水平和服务共建"一带一路"能力。中小学校要广泛建立校际合作交流关系,重点开展师生交流、教师培训和国际理解教育。高等学校、职业院校要立足各自发展战略和本地区参与共建"一带一路"规划,与沿线各国开展形式多样的合作交流,重点做好完善现代大学制度、创新人才培养模式、提升来华留学质量、优化境外合作办学、助推企业成长等各项工作的协同发展。

社会力量顺势而行。开展更大范围、更深层次、更高水平的"一带一路"教育民间合作交流,吸纳更多民间智慧、民间力量、民间方案、民间行动。大力培育和发展我国非营利组织,通过购买服务、市场调配等举措,大力支持社会机构和专业组织投身教育对外开放事业,活跃民间教育国际合作交流。加快推动教学仪器和中医诊疗服务走出去步伐,支持企业和个人按照市场规则依法参与中外合作办学、合作科研、涉外服务等教育对外开放活动。企业要积极与学校合作走出去,联合开展人才培养、科技创新和成果转化,积极服务"一带一路"国家经贸发展。

助力形成早期成果。实施高度灵活、富有弹性的合作机制,优先启动各方认可度高、条件成熟的项目,明确时间节点,争取短期内开花结果。2016 年,各省市制订并呈报本地"一带一路"教育行动计划,有序推进教育互联互通、人才培养培训及丝路合作机制建设。2017 年,基于三方面重点合作的沿线各国教育共同行动深入开展。未来 3 年,中国每年面向沿线国家公派留学生 2500 人;未来 5 年,建成 10 个海外科教基地,每年资助 1 万名沿线国家新生来华学习或研修。

六、共创教育美好明天

独行快,众行远。合作交流是沿线各国共建"一带一路"教育共同体的主要方式。通过教育合作交流,培养高素质人才,推进经济社会发展,提高沿线各国人民生活福祉,是我们共同的愿望。通过教育合作交流,扩大人文往来,筑牢地区和平基础,是我们共同的责任。

中国愿与沿线各国一道,秉持开放合作、互利共赢理念,共同构建多元化教育合作机制,制订时间表和路线图,推动弹性化合作进程,打造示范性合作项目,满足各方发展需要,促进共同发展。

中国教育部倡议沿线各国积极行动起来,加强战略规划对接和政策磋商,探索教育合作交流的机制与模式,增进教育合作交流的广度和深度,追求教育合作交流的质量和效益,互知互信、互帮互助、互学互鉴,携手推动教育发展,促进民心相通,构建"一带一路"教育共同体,共创人类美好生活新篇章。

后 记

本书是张德祥教授主持的中国高等教育学会高等教育科学研究"十三五"规划重大攻关课题"'一带一路'国家高等教育政策法规研究"（16ZG003）的研究成果。

本书由张德祥教授和李枭鹰教授负责总体规划、设计和架构，确定编译的主旨与核心，组织人员收集、选取、翻译和整理这些国家的相关教育政策法规，最后审阅书稿。其中，《哈萨克斯坦教育法》由大连外国语大学 2019 级俄语笔译专业硕士生裴旭阳编译；《吉尔吉斯斯坦教育发展战略（2012—2020 年）》《吉尔吉斯斯坦宗教教育与宗教学校法（草案）》由大连理工大学高等教育研究院李易飞老师和大连理工大学高等教育研究院教育管理专业 2019 级博士生齐小鹂编译；《乌兹别克斯坦教育部门计划（2013—2017 年）》《乌兹别克斯坦教育部门计划评估报告（2013—2017 年）》由大连理工大学高等教育研究院教育管理专业 2019 级博士生齐小鹂编译；《土库曼斯坦教育法》由大连理工大学国际教育学院郭淑红教授、那晓老师编译；《塔吉克斯坦国家教育战略发展纲要（2006—2015 年）》《塔吉克斯坦教育发展战略计划（2005—2015 年）》由大连理工大学高等教育研究院教育管理专业博士生李洋帆编译。全书由齐小鹂负责校译。

本书的出版得到了中国高等教育学会、大连理工大学出版社的大力支持，课题组在此深表感谢！

课题组